Atlantic Salmon Flies 2 | Mouches pour le saumon atlantique 2

By the same author | Du même auteur

*Atlantic Salmon Flies/Mouches pour le saumon atlantique*
(with | avec Marc LeBlanc)

*Atlantic Salmon Flies/Mouches pour le saumon atlantique*
(with seven renowned fly tiers | avec sept monteurs de mouches émérites)

*Salmon Country: New Brunswick's Great Angling Rivers*
(Editor | Rédacteur en chef)

JACQUES HÉROUX

with seven renowned fly tiers
avec sept monteurs de mouches émérites

# Atlantic Salmon FLIES 2

# MOUCHES
## *pour le*
# saumon atlantique 2

GOOSE LANE

# Contents



# Sommaire

# Foreword



So declared Richard Waddington in 1947, and his statement is as true today as it was when first published. While the costs of angling have increased exponentially since the "golden years" of salmon fishing in the middle of the last century, one fact remains true: the choice of fly is the first, and often the most important, choice the angler makes. Many books have been written on the subject, with many more still to come, and conversations on the river between a guide and their sport as to what fly to choose have filled countless hours, articles, and publications. Every year, another new tome on fly patterns is released and tiers, eager for knowledge of that new "magic fly," will make their pilgrimage to the local shops to view the contents of the latest work on the subject.

What is it that so attracts the salmon angler to the fly? Since the first angler offered up their primordial creation, more fly patterns and variations on patterns for salmon have appeared than for any other quarry of the sport of fly fishing. Noted author and angler Paul Marriner, discussing the bomber style in his book *Modern Atlantic Salmon Flies*, writes, "Every natural, and most unnatural, combination of colors of deer hair, calf tail, and hackle are used." Today, as more elements of what might fall closer to the "unnatural side" are being incorporated into fly patterns, the proliferation of patterns has increased exponentially.

There is no question that social media has changed forever the way we communicate. The vast amount of information available online today covers every aspect of fly tying and, indeed, has been responsible for the multitude of new, and often quite unique, patterns submitted by both newly minted and seasoned tiers alike.

As the saying goes, "Success has many fathers, but alas, failure is an orphan." Salmon lore is replete with those who would claim authorship of successful patterns, as well as their many variants. From early on in the history of the sport, salmon fishing has elevated the successful fly dresser to almost cult status. Even today, we continually recreate those particular old favourites from many years ago, adding or subtracting elements that may follow current trends in fly design.

It is this constant ebb and flow of information exchanged among salmon anglers that continues to feed the imaginations of tiers worldwide. As styles and methods develop in countries and provinces wherever salmon are prime game, they are also spoken of, read about, and even watched on the plethora of videos flooding the

internet, by eager long-rodders anxious to turn new concepts and ideas into miracles of fur and feathers.

Never before has such a continuous camaraderie among anglers and tiers existed to the degree that it does today. While the old guard of grizzled greyhairs may look on this new exchange of ideas as a bit invasive, it also comes with a newfound respect for the salmon and a fervent desire to protect their ever-declining habitats. Kastine Coleman, in her Atlantic Salmon Journal article "Lighting the Spark," writes, "These days teenagers are aware of the controversy surrounding open net-pen aquaculture...we discuss the Atlantic salmon life cycle and the threats the species faces, salmon migration routes and the importance of protecting salmon grounds in local river systems."

This new emphasis on sharing experiences, techniques, patterns, and knowledge has led to a deeper understanding of what it is to be a salmon angler and, moreover, has proven to be a defence and protection of the silver king. Atlantic Salmon Federation Past President Bill Taylor, in a recent interview, said, "As anglers, we have the luxury of being able to enjoy every single thing that our sport provides, without having to bring home dead fish. We can lead by example."

Certainly, new crops of salmon anglers and tiers, as they learn from and connect with this emerging communication network, will bring with them the knowledge that the cult of the fly is also the cult of responsibility. Sharing information of patterns and techniques will also come with shared knowledge of how to preserve the gift of the salmon for future generations.

To quote Topher Brown, whose foreword appeared in Jacques Héroux's first book, *Atlantic Salmon Flies,* "A salmon fly can be a simple tool that attracts a salmon and brings him to hand. A salmon fly can also be the unconscious expression of all our hopes, our dreams, our desires, and our reverence for salmon."

STEVE SILVERIO
Villanova, Pennsylvania

# Avant-propos

« Le problème auquel est confronté le pêcheur lorsqu'il choisit une
mouche est le problème fondamental de la pêche au saumon. Il est
curieux de constater que, tandis que le pêcheur a dépensé plus de
150 £ pour son attirail, son hébergement et ses frais généraux pour
une semaine de vacances, ce ne sont que quelques petits dollars de
plumes et d'hameçon qui intéressent le poisson. »
— Richard Waddington, *Salmon Fishing, A New Philosophy*
(traduction libre)

Cette déclaration de Richard Waddington qui date de 1947 est aussi vraie aujourd'hui qu'elle l'était lorsqu'elle a été écrite pour la première fois. Bien que les coûts de la pêche à la mouche aient augmenté de façon exponentielle depuis « l'âge d'or » de la pêche au saumon, le seul fait qui reste vrai est que le choix de la mouche est le premier et souvent le plus important choix que fait le pêcheur. De nombreux livres ont été écrits sur le sujet et beaucoup d'autres sont encore à venir. Les conversations sur la rivière entre un guide et son client au sujet de la mouche à choisir ont rempli d'innombrables heures, articles et publications. Chaque année, un autre volume sur la myriade de modèles de mouches est publié et les monteurs, avides de connaissances sur cette nouvelle « mouche magique », feront leur pèlerinage dans les magasins locaux pour voir le contenu des derniers travaux sur le sujet.

Qu'est-ce qui attire tant le pêcheur de saumon vers la mouche? Depuis que le premier pêcheur a offert sa création primaire, plus de motifs et de variations de mouches sont apparus que dans tous les autres aspects du sport de la pêche à la mouche. L'auteur et pêcheur de renom, Paul Marriner, discutant de *Bombers* dans son livre, Modern Atlantic Salmon Flies, écrit : « Toutes les combinaisons naturelles, et les moins naturelles, de couleur de poils de chevreuil, de queue de veau et de hackle sont utilisées. » Alors qu'aujourd'hui, ce qui pourrait se rapprocher du côté non naturel est de plus en plus incorporé dans les modèles de mouches, la prolifération des modèles a augmenté de manière exponentielle.

Il ne fait aucun doute que les médias sociaux ont changé à jamais notre façon de communiquer. La grande quantité d'information disponible en ligne aujourd'hui, qui couvre tous les aspects du montage de mouches, est en effet responsable de la multitude de nouveaux modèles, souvent tout à fait uniques, soumis autant par les monteurs débutants que chevronnés.

Comme le dit l'adage : « Le succès a plusieurs pères, mais, hélas, l'échec est orphelin. » Le savoir traditionnel de la pêche au saumon est rempli de ceux qui revendiquent la paternité des modèles à succès ainsi que de leurs nombreuses variantes. Dès le début, la pêche au saumon a élevé le monteur de mouches à succès à un statut presque culte et, même aujourd'hui, nous recréons continuellement ces vieux modèles favoris

datant de nombreuses années, en ajoutant ou en soustrayant des éléments qui peuvent suivre les tendances actuelles en matière de conception de mouches.

C'est ce flux constant d'informations échangées entre les pêcheurs de saumon qui continue de nourrir l'imagination des monteurs de mouches du monde entier. Au fur et à mesure que les styles et les méthodes se développent dans les pays et les provinces où le saumon est un poisson de choix, ils sont mentionnés, lus et regardés, dans l'abondance de vidéos qui envahissent Internet, par des pêcheurs enthousiastes, désireux de transformer de nouveaux concepts et idées en miracles de poils et de plumes.

Jamais auparavant une camaraderie aussi continue entre les pêcheurs et les monteurs n'a existé au même degré qu'aujourd'hui. Bien que la vieille garde des cheveux gris puisse considérer ce nouvel échange d'idées comme un peu envahissant, on sent un nouveau respect pour le saumon et un désir fervent de protéger son habitat en constante évolution. Kastine Coleman, dans un article du Atlantic Salmon Journal, « Lighting the Spark », écrit : « De nos jours, les adolescents sont conscients de la controverse entourant l'aquaculture en filet ouvert... Nous discutons du cycle de vie du saumon atlantique et des menaces auxquelles l'espèce est confrontée, des voies de migration du saumon et de l'importance de protéger les zones à saumon dans les réseaux fluviaux locaux. »

Ce nouvel accent mis sur le partage d'expérience, de techniques, de modèles et de connaissances a conduit à une meilleure compréhension de ce qu'est un pêcheur de saumon et, de surcroît, un défenseur du roi des rivières. L'ancien président de la Fédération du saumon atlantique, Bill Taylor, a déclaré dans une récente entrevue : « En tant que pêcheurs, nous avons le luxe de pouvoir profiter de tout ce qu'offre notre sport, sans avoir à ramener à la maison des poissons morts. Nous pouvons donner l'exemple! »

Il ne fait aucun doute que la nouvelle génération de pêcheurs et de monteurs de mouches à saumon apportera, grâce à ce réseau de communication émergent, la connaissance que le culte de la mouche est aussi le culte de la responsabilité. Le partage d'informations sur les modèles et les techniques s'accompagnera également d'un partage des connaissances sur la façon de préserver le saumon atlantique pour les générations futures.

Je cite mon prédécesseur, Topher Brown, dont la préface a été publiée dans l'édition précédente de *Mouches pour le saumon atlantique* : « Une mouche à saumon peut être un simple outil pour attirer un saumon et le capturer. Une mouche à saumon peut aussi être l'expression inconsciente de tous nos espoirs, rêves, désirs ou de la vénération pour le saumon. »

STEVE SILVERIO
Villanova (Pennsylvanie)

# Knowledge Is Best Shared!

*Atlantic Salmon Flies* was a reference of nearly three hundred of the most popular and productive salmon flies used on the rivers of Quebec and Atlantic Canada. With the help of seven acclaimed fly tiers, it identified and described each fly and profiled its creator, all in both of Canada's official languages. Putting together such a quality book required a massive team effort, but the result has been a great success, both in Canada and internationally.

So why *Atlantic Salmon Flies 2*? Well, I think knowledge is best shared!

Fishing and fly tying were, for a long time, the best-kept secret of a privileged few. Those few hesitated to reveal their most intimate fishing secrets, and the biggest secret of all was the flies themselves. They would not reveal information about these flies to anyone, even to a best friend or fishing partner. Sharing knowledge is an art and, too often, knowledge has remained a closely guarded secret!

Interest in fly tying—and fly fishing—has exploded since the pandemic in 2020. This rush of enthusiasm is the main impetus behind this second book. There are a multitude of Atlantic salmon fly patterns—from dry to wet, streamers to intruders, Spey to tube flies, Dee to marabou, hairwing flies, featherwing flies—whether you're a new recruit or you've been fly tying for years, there is always something new to learn!

In the first book, I provided a history of salmon fly tying, and a wide range of books have been written on this subject. From 1486, when Dame Juliana Berners wrote her *The Book of Saint Albans,* to Chris Mann's 2008 *The Complete Illustrated Directory of Salmon Flies,* which lists a multitude of Atlantic salmon and steelhead fly patterns, many authors have identified thousands of different flies and their uses, often including histories or personal stories.

The vast majority of these volumes come from Europe and the United States—and very few are written in French—even though most of the authors travel to Eastern Canada, particularly to the rivers of the Miramichi and the Gaspé peninsula, to pursue their passion, returning year after year!

In Canada, specialized texts on salmon fly tying are a fairly recent phenomenon. Our best-known local authors on the topic include Len Rich, Jeannot Ruel, Serge J. Vincent, Jean-Paul Dubé, Paul Marriner, Yvon Gendron, Denys Poirier, and Serge Marleau.

Fortunately, as interest in this art has grown in recent years, more specialized publications have come out, helping to democratize the art of fly tying. The internet, social media, YouTube, specialized magazines, trade shows, and local and school clubs have also raised interest as they share information about techniques, flies, pools, rivers, and catches.

All of which leads to the book you now hold: a second bilingual book, referencing more than three hundred additional flies—new, old, and forgotten. This volume

includes two new categories of salmon flies: the Spey and the intruder. After the publication of the first book, a number of readers asked about publishing some of the fly patterns created by them, and also about including some older, but still very productive, salmon flies still used on our rivers. A number of these patterns can be found in this new book.

A project of this magnitude would be impossible alone. A second team of seven experienced fly tiers joined me for this volume to offer you fly patterns from their respective regions, provinces, and rivers. There are new flies—less known but very effective—and interesting models that can be tied by anyone. I hope we will inspire a whole new generation of salmon fly tiers.

A quick word about each of these contributors. Lyne Trudeau, from Montreal, is a recognized salmon fly tier, both in Canada and internationally, and an excellent teacher of the art. An especially ambitious fly designer, several of her creations are in this volume. Éric Tremblay, from Rimouski, Quebec, is a commercial salmon fly tier best known for his Spey-type flies. Fernand Grenier, from Trois-Rivières, brings several of his delightful feathered creations to the book. Christian Carrier is our expert in tying dry salmon flies, known as bombers. He has recently created a series of new bombers tied with cul de canard, or CDC, feathers.

Rénald Dufour, from the Acadian peninsula, has provided several of his creations, which have already proven themselves on the rivers of the Gaspé peninsula and New Brunswick. Todd Kennedy, aka Jock Scott, is from Nova Scotia and shares his extensive experience and knowledge in tying salmon flies. Finally, Christopher Sinclair, also a native of Nova Scotia, is the youngest expert to contribute to this volume. A creative young salmon fly tier, Christopher learned his trade as a professional guide on the salmon rivers of Newfoundland and Labrador, and now manages a renowned salmon lodge on the Restigouche River.

All these tiers are leaders in the art that we all love, and have shared their extensive experience with us here.

I would be remiss if I did not mention my great friend Steve Silverio, who kindly agreed to write the foreword to this book. Steve is one of the world's leading creators of fly-tying products and tools, a recognized fly tier for all species of fish, and a great teacher of the art.

This project could not have happened without the professional assistance of a quality publishing house. New Brunswick-based Goose Lane is a publisher of high-calibre Canadian authors that actively fosters diversity, new voices, and new perspectives, and has received many awards for its publications.

Major sponsors also help to produce a project like this. The Boutique Salmo Nature from Montreal continues to support my projects. They were also present as a sponsor of *Atlantic Salmon Flies* and their new owner, Rémi Brien, encourages authors and fly tiers who want to share their knowledge. Sabian Cymbals and Les Chalets Restigouche, two forward-thinking New Brunswick companies, immediately agreed to assist this project because they are intimately linked to the creation and fishing of Atlantic salmon. Finally, the Danish hook company Ahrex Hooks provided all the specialized hooks for tying the flies contained in this book. Quality hooks produce quality flies!

"Pay it forward" should be the motto of every fly tier. In the end, knowledge should be shared, and it's everyone's responsibility!

JACQUES HÉROUX
Dieppe, New Brunswick

Alain Roy

# Les connaissances,
# ça se partage!

Une suite à notre premier livre *Mouches pour le saumon atlantique*! Pourquoi?

Le premier livre avait pour but de publier et de référencer près de 300 des mouches à saumon les plus populaires, utilisées et productives sur les rivières à saumon des provinces atlantiques et du Québec. Ce livre a, entre autres, identifié les mouches, les parures et leurs créateurs avec l'aide de sept monteurs de mouches reconnus et d'expérience, et ce, dans les deux langues officielles du Canada. Tout un défi et surtout un projet commun qui a obtenu un franc succès tant au niveau de la qualité du produit que des ventes, non seulement au Canada mais aussi à l'international.

Alors pourquoi ce deuxième tome de *Mouches pour le saumon atlantique*? Selon moi, les connaissances, ça se partage!

La pêche et le montage de mouches furent longtemps le secret le mieux gardé de quelques privilégiés. Ces derniers hésitaient à dévoiler leurs secrets de pêche les plus intimes. Auparavant, le plus grand secret, c'étaient les mouches elles-mêmes. On ne dévoilait même pas les descriptions de ses mouches à son meilleur ami ni à son partenaire de pêche. Le partage des connaissances est un art!

La pandémie a permis à de nombreuses personnes de découvrir ou de redécouvrir un hobby ou un passe-temps. L'activité du montage de mouches ne fait pas exception et a explosé exponentiellement auprès des amoureuses et des amoureux de la pêche à la mouche. C'est la raison principale de mon idée de partager le plus d'information possible, tant avec les recrues qu'avec les personnes qui montent des mouches depuis longtemps. Il existe une multitude de patrons de mouches à saumon atlantique… des sèches aux noyées, des *Streamers* aux *Intruders*, des *Spey* aux mouches tube, des *Dee* aux marabouts, des mouches à poils aux mouches à plumes, et j'en passe!

Dans le premier livre, j'ai assez bien résumé l'historique du montage de mouches à saumon. D'un des premiers écrits sur les mouches de Dame Juliana Berners et de son livre intitulé *The Book of Saint Albans* écrit en 1486 jusqu'au plus récent livre sur les mouches à saumon atlantique que je connaisse, soit celui de Chris Mann *The Complete Illustrated Directory of Salmon Flies* publié en 2008 et qui répertorie une multitude de patrons de mouches à saumon atlantique et au steelhead, les nombreux auteurs ont identifié au fil des années plusieurs milliers de mouches différentes, souvent avec leurs historiques, des histoires personnelles ou des commentaires sur leur utilisation.

Il existe donc toute une variété de bouquins sur le montage de mouches à saumon. La plupart de ces ouvrages ont été écrits à l'extérieur du Canada, surtout en Europe et aux États-Unis, et très peu sont en français. La majorité des pêcheurs et monteurs de mouches doivent se déplacer pour vivre leur passion à l'extérieur de leur pays, principalement sur les rivières de l'Est canadien, particulièrement les rivières de la Miramichi et de la Gaspésie. Ils et elles y reviennent année après année!

Au Canada, les références écrites spécialisées sur le montage de mouches à saumon sont assez récentes et surtout en langue anglaise. Comme mentionné précédemment, plusieurs modèles connus de mouches pour le saumon atlantique pour nos rivières ont été présentés dans des publications et produits par des auteurs provenant de l'extérieur du pays. Nos auteurs locaux les plus connus sont entre autres Len Rich, Jeannot Ruel, Serge J. Vincent, Jean-Paul Dubé, Paul Marriner, Yvon Gendron, Denys Poirier et Serge Marleau.

Heureusement, l'intérêt de la nouvelle génération pour cet art est croissant. Ces dernières années, de plus en plus de publications spécialisées sont venues démocratiser l'art du montage de mouches. Internet, les médias sociaux, YouTube, les revues spécialisées, les salons spécialisés, les clubs et organisations locales et scolaires ont aussi réussi à intéresser plus d'adeptes en partage technique, mouches, fosses, rivières et captures.

Un deuxième livre bilingue présentant près de 300 mouches, nouvelles, anciennes et oubliées, était donc de mise. Deux nouvelles catégories de mouches à saumon ont été ajoutées, soit les *Spey* et les *Intruders*. Après la parution du premier livre, des lecteurs m'ont demandé s'il était possible de publier certains patrons de mouches créés par eux et d'autres mouches à saumon plus anciennes mais encore très productives sur nos rivières. Plusieurs de ces patrons se retrouvent maintenant dans ce nouveau bouquin.

Il va sans dire qu'un projet de cette envergure ne se fait pas seul. Une deuxième équipe de sept collaborateurs, monteuses et monteurs de mouches d'expérience, s'est jointe à moi. Elles et ils vous proposent des patrons de mouches de leurs régions, provinces et rivières respectives, de nouvelles créations, des mouches moins connues du public mais très efficaces ainsi que des modèles intéressants à monter par tout artisan monteur de mouches. Une inspiration pour une toute nouvelle génération de monteurs de mouches à saumon!

Un petit mot sur chacun d'eux en commençant par Lyne Trudeau de Montréal. Lyne est une monteuse de mouches à saumon reconnue au Canada et à l'international. Elle est surtout ambitieuse avec plusieurs créations et aussi une excellente enseignante de l'art du montage de mouches à saumon. Éric Tremblay de la région de Rimouski est un monteur commercial de mouches à saumon, reconnu pour ses créations d'excellentes mouches de type Spey. Fernand Grenier de Trois-Rivières, un monteur de mouches classiques à plumes, nous fait plaisir en nous proposant plusieurs de ses créations. Il y a aussi Christian Carrier, notre expert de montage de mouches sèches à saumon, le *Bomber*. Il vient tout juste de créer une série de nouveaux *Bombers* maintenant montés avec des plumes CDC, cul de canard.

Nous avons aussi Rénald Dufour de la Péninsule acadienne qui nous donne le privilège de présenter plusieurs de ses créations qui ont fait leurs preuves sur les rivières de la Gaspésie et du Nouveau-Brunswick. Todd Kennedy, alias Jock Scott, de la Nouvelle-Écosse nous fait part de sa vaste expérience et de ses connaissances dans le montage de mouches à saumon. Finalement, le petit dernier, Christopher Sinclair aussi natif de la Nouvelle-Écosse, un jeune monteur créatif de mouches à saumon, qui a fait ses classes comme guide professionnel sur les rivières à saumon de Terre-Neuve et du Labrador et qui gère maintenant une pourvoirie à saumon réputé situé sur la

rivière Restigouche. Tous ces collaborateurs monteuse et monteurs émérites ont plusieurs années d'expérience derrière la cravate, sont les leaders de cette activité que l'on aime et viennent partager leurs connaissances avec vous.

Je m'en voudrais de ne pas mentionner l'apport de mon grand ami Steve Silverio qui a gentiment accepté de rédiger l'avant-propos de ce livre. Steve est un des plus grands créateurs de produits et d'outils de montage de mouches au monde en plus d'être un monteur de mouches reconnu. Il excelle dans le montage de mouches pour toutes les espèces de poissons et est un grand fervent de l'enseignement de l'art du montage de mouches.

Un tel projet ne se planifie pas sans l'apport professionnel d'une maison d'édition de qualité. La maison d'édition Goose Lane, située au Nouveau-Brunswick, publie des œuvres canadiennes et a reçu plusieurs récompenses, tant pour la qualité du travail de ses auteurs que pour celle de ses publications. Cette maison d'édition encourage la diversité, de nouvelles voix et de nouvelles perspectives.

Des commanditaires importants viennent aussi en aide à la production d'un projet comme celui-ci. La boutique Salmo Nature de Montréal continue à soutenir mes projets. Elle était présente comme commanditaire du premier livre et son nouveau propriétaire, Rémi Brien, encourage les auteurs et les monteurs de mouches désirant partager leurs connaissances. Les entreprises Sabian Cymbals et Les Chalets Restigouche, deux entreprises néo-brunswickoises d'avant-garde, ont immédiatement accepté de participer à ce projet, car elles sont intimement liées à la création et à la pêche au saumon atlantique. Mentionnons également l'entreprise danoise d'hameçons Ahrex qui a fourni tous les hameçons spécialisés pour monter les mouches contenues dans ce livre. Des hameçons de qualité produisent des mouches de qualité!

Donner au suivant devrait être la devise de tout monteur de mouches. Finalement, les connaissances, ça se partage et c'est la responsabilité de tous!

JACQUES HÉROUX
Dieppe (Nouveau-Brunswick)

# Bombers

Bombers are becoming more and more popular on all salmon rivers. These flies are now available in all colours, tied from new materials and also tied on different hooks, including tube flies.

Without repeating too much of what was said in *Atlantic Salmon Flies*, it is safe to say there are still mainly two styles of bomber: the one created by the Reverend Elmer Smith in the 1960s, with a cigar-shaped wing and body; and the design found more particularly in Quebec, with two wings divided into two equal parts, the body tied in a cone, and a saddle hackle palmered around the wings.

Dry flies of the Dirty Bomber type, with very long saddle hackles and tied with unpacked deer body hairs, are coming back into fashion and are being found more and more often in the fly boxes of salmon anglers. And old dry fly models, including the Wulff, the Rat-Faced MacDougall, and the MacIntosh, are still effective.

However, with the advent of new fly-tying materials and more advanced dyeing techniques, today's fly tiers like to have fun, and to create new bomber models. You will find several of these new bombers in this section of the book, including bombers tied with the famous CDCs: cul de canard feathers.

All flies in this category are tied on Ahrex HR418, size #2 hooks.

# Les *Bombers*

Sans vouloir reprendre ce qui a été écrit dans notre premier livre *Mouches pour le saumon atlantique*, les *Bombers* deviennent de plus en plus populaires sur toutes les rivières à saumon. On les retrouve maintenant de toutes les couleurs, montées à partir de nouveaux matériaux et aussi montées sur différents hameçons dont des mouches tubes. On y retrouve encore principalement deux styles, soit celui créé par le Révérend Elmer Smith, avec une aile et le corps monté en forme de cigare, et le design retrouvé plus particulièrement au Québec avec deux ailes divisées en deux parties égales, le corps monté en cône et des plumes de selle de coq chenillées autour des ailes.

Les mouches sèches de type *Dirty Bomber* avec de très longues plumes de selle de coq et montées avec les poils de corps de chevreuil non tassés reviennent de plus en plus à la mode et se retrouvent en plus grand nombre dans les boîtes à mouches des saumoniers.

Les anciens modèles de mouches sèches dont les *Wulff*, les *Rat-Faced MacDougall* et les *MacIntosh* sont encore efficaces sur nos rivières. Cependant, avec la venue de nouveaux matériaux de montage de mouches et de techniques de teinture plus avancées, les monteurs d'aujourd'hui aiment bien se faire plaisir et créer de nouveaux modèles de *Bombers*. Vous en trouverez plusieurs dans cette section du livre, dont des *Bombers* montés avec des plumes de cul de canard, le fameux CDC.

Toutes les mouches de cette section ont été montées sur des hameçons de marque Ahrex HR418, de grandeur #2.

## 444

Tier | Monteur: Christian Carrier
Creator | Créateur: Christian Carrier

TAIL: White calf tail

BUTT: Fluorescent yellow–dyed deer body hair, spun and clipped

BODY: Mixed colours of deer body hair, spun and clipped into a cone shape

HACKLE: Two badger saddle hackles, palmered forward

WING: White calf tail, divided and extending over the hook eye

COLLAR HACKLE: Two badger hackles, palmered around the wing

HEAD: Black

QUEUE : Poils de queue de veau blancs

CUL : Poils de corps de chevreuil teints jaune fluorescent, tournés, tassés et coupés

CORPS : Mélange de poils de corps de chevreuil teints de toutes les couleurs, tournés, tassés et coupés en forme de cigare

PALMURE : Deux plumes de selle de coq « badger », chenillées sur toute la longueur du corps

AILES : Poils de queue de veau blancs, divisés en deux parties égales pour former un « V » de 45° d'ouverture

COLLERETTE : Deux plumes de selle de coq « badger », attachées par la tige et montées autour des ailes

TÊTE : Noire

## Bébé Bleu

Tier | Monteur : Christian Carrier
Creator | Créateur: Christian Carrier

TAIL: White calf tail

BUTT: Fluorescent yellow–dyed deer body hair

BODY: Light-blue-dyed deer body hair, spun and clipped into a cone shape

HACKLE: One badger hackle, palmered forward

WING: White calf tail, divided and extending over the hook eye

COLLAR HACKLE: Two badger colour hackles, palmered around the wing

HEAD: Black

QUEUE : Poils de queue de veau blancs

CUL : Poils de corps de chevreuil teints jaune fluorescent

CORPS : Poils de chevreuil teints bleu très pâle, tournés, tassés et coupés en forme de cône

PALMURE : Une plume de selle de coq « badger », chenillée sur toute la longueur du corps

AILES : Poils de queue de veau blancs, divisés en deux parties égales pour former un « V » de 45° d'ouverture

COLLERETTE : Deux plumes de selle de coq « badger », attachées par la tige et montées autour des ailes

TÊTE : Noire

## Bee Bomber

Tier | Monteur: Christopher Sinclair
Creator unknown | Créateur inconnu

TAIL: White calf tail
BODY: Black- and yellow-dyed deer belly hair, spun and clipped into a cigar shape, alternating black, yellow, black, yellow, and black
HACKLE: Dark-brown saddle hackle, palmered forward
WING: White calf tail
HEAD: Black

QUEUE : Poils de queue de veau blancs
CORPS : En alternance, poils de corps de chevreuil teints noirs, jaunes, noirs, jaunes et noirs, tournés, tassés et coupés en forme de cigare
PALMURE : Plumes de selle de coq brun foncé, chenillées sur toute la longueur du corps
AILES : Poils de queue de veau blancs
TÊTE : Noire

## Black Glitter Buck Bug

Tier | Monteur: Todd Kennedy
Creator | Créateur: Todd Kennedy

TAIL: Red SemperFlash Krystal
BODY: Black-dyed deer body hair, spun, clipped, and tapered
HACKLE: Black saddle hackle, palmered forward
HEAD: Black

QUEUE : Rouge « SemperFlash »
CORPS : Poils de corps de chevreuil teints noirs, tournés, tassés et coupés en forme de cône
PALMURE : Plume de selle de coq noire, chenillée sur toute la longueur du corps
TÊTE : Noire

## Blue Paddy Trude

Tier | Monteur: Christopher Sinclair
Creator: Christopher Sinclair

TAIL: White calf tail
BODY: Blue-dyed deer belly hair, spun and clipped into a cigar shape
WING: White calf tail
COLLAR HACKLE: Coachman Brown saddle
HEAD: Black

QUEUE : Poils de queue de veau blancs
CORPS : Poils de corps de chevreuil teints bleus, tournés, tassés et coupés en forme de cigare
AILES : Poils de queue de veau blancs
COLLERETTE : Plumes de selle de coq brun « Coachman »
TÊTE : Noire

## Bomber Aqua Chartreuse

Tier | Monteur: Rénald Dufour
Creator | Créateur: Rénald Dufour

TAIL: Aqua-dyed American grey fox guard hair

BUTT: Chartreuse-dyed deer body hair

BODY: Aqua-dyed deer body hair, spun and clipped into a cone shape

HACKLE: One chartreuse-dyed badger saddle hackle, palmered forward

WING: Aqua-dyed American grey fox guard hair, divided, and extending over the hook eye

COLLAR HACKLE: Two chartreuse-dyed saddle hackles, attached and tied around the wing

HEAD: Black

QUEUE : Poils de dos de renard gris teints aqua

CUL : Poils de corps de chevreuil teints chartreuse

CORPS : Poils de corps de chevreuil teints aqua, tournés, tassés et coupés en forme de cigare

PALMURE : Plumes de selle de coq « badger » teintes chartreuse, chenillées sur toute la longueur du corps

AILE : Poils de dos de renard gris américain teints aqua, divisés en deux parties égales pour former un « V » de 45° d'ouverture

COLLERETTE : Plumes de selle de coq teintes chartreuse, attachées par la tige et montées autour de l'aile

TÊTE : Noire

## Bomber Blue Charm

Tier | Monteur: Rénald Dufour
Creator | Créateur: Rénald Dufour

TAIL: American grey fox guard hair

BUTT: Chartreuse-dyed deer body hair

BODY: Mixed silver-blue and black-dyed deer body hair, spun and clipped into a cone shape

HACKLE: One silver-blue-dyed grizzly saddle hackle, palmered forward

WING: American grey fox guard hair, divided and extending over the hook eye

COLLAR HACKLE: Two silver-blue-dyed grizzly saddle hackles, attached and tied around the wing

HEAD: Black

QUEUE : Poils de dos de renard gris américain

CUL : Poils de dos de chevreuil teints chartreuse

CORPS : Poils de corps de chevreuil teints bleu et noir, mélangés, tournés, tassés et coupés en forme de cigare

PALMURE : Plumes de selle de coq grizzly teintes bleu argenté, chenillées sur toute la longueur du corps

AILES : Poils de dos de renard gris américain, divisés en deux parties égales pour former un « V » de 45° d'ouverture

COLLERETTE : Plumes de selle de coq grizzly teintes bleu argenté, attachées par la tige et chenillées autour de l'aile

TÊTE : Noire

## Bomber/Black Body/Fluorescent Green Butt/Black Hackle

Tier | Monteur: Christian Carrier
Creator | Créateur: Christian Carrier

TAIL: White calf tail

BUTT: Fluorescent green flat tinsel

BODY: Black-dyed deer body hair, spun and clipped into a cone shape

HACKLE: One black saddle hackle, palmered forward

WING: White calf tail, divided and extending over the hook eye

COLLAR HACKLE: Two black saddle hackles, palmered around the wing

HEAD: Black

QUEUE : Poils de queue de veau blancs

CUL : Lame vert fluorescent

CORPS : Poils de chevreuil teints noirs, tournés, tassés et coupés en forme de cône

PALMURE : Une plume de selle de coq noire, chenillée sur toute la longueur du corps

AILES : Poils de queue de veau blancs, divisés en deux parties égales pour former un « V » de 45° d'ouverture

COLLERETTE : Deux plumes de selle de coq noires, attachées par la tige et montées autour des ailes

TÊTE : Noire

## Bomber/Black Body/Fluorescent Yellow Butt/Black Hackle

Tier | Monteur: Christian Carrier
Creator | Créateur: Christian Carrier

TAIL: Black calf tail

BUTT: Fluorescent yellow flat tinsel

BODY: Black-dyed deer body hair, spun and clipped into a cone shape

HACKLE: One black saddle hackle, palmered forward

WING: Black calf tail, divided and extending over the hook eye

COLLAR HACKLE: Two black saddle hackles, palmered around the wing

HEAD: Black

QUEUE : Poils de queue de veau teints noirs

CUL : Lame jaune fluorescent

CORPS : Poils de corps de chevreuil teints noirs, tournés, tassés et coupés en forme de cône

PALMURE : Une plume de selle de coq teinte noire, chenillée sur toute la longueur du corps

AILES : Poils de queue de veau teints noirs, divisés en deux parties égales pour former un « V » de 45° d'ouverture

COLLERETTE : Deux plumes de selle de coq teintes noires, attachées par la tige et montées autour des ailes

TÊTE : Noire

# Bomber/Black Body/Gold Butt/Black Hackle

Tier | Monteur: Christian Carrier
Creator | Créateur: Christian Carrier

TAIL: Black calf tail

BUTT: Gold flat tinsel

BODY: Black-dyed deer body hair, spun and clipped into a cone shape

HACKLE: One black saddle hackle, palmered forward

WING: Black calf tail, divided and extending over the hook eye

COLLAR HACKLE: Two black saddle hackles, palmered around the wing

HEAD: Black

QUEUE : Poils de queue de veau teints noirs

CUL : Lame dorée

CORPS : Poils de corps de chevreuil teints noirs, tournés, tassés et coupés en forme de cône

PALMURE : Une plume de selle de coq teinte noire, chenillée sur toute la longueur du corps

AILES : Poils de queue de veau teints noirs, divisés en deux parties égales pour former un « V » de 45° d'ouverture

COLLERETTE : Deux plumes de selle de coq teintes noires, attachées par la tige et montées autour des ailes

TÊTE : Noire

# Bomber/Black Body/Golden Brown Hackle

Tier | Monteur: Christian Carrier
Creator unknown | Créateur inconnu

TAIL: White calf tail

BODY: Black-dyed deer body hair, spun and clipped into a cone shape

HACKLE: One golden-brown grizzly saddle hackle, palmered forward

WING: White calf tail, divided and extending over the hook eye

COLLAR HACKLE: Two golden-brown grizzly saddle hackles, palmered around the wing

HEAD: Black

QUEUE : Poils de queue de veau blancs

CORPS : Poils de corps de chevreuil teints noirs, tournés, tassés et coupés en forme de cône

PALMURE : Une plume de selle de coq grizzly teinte « Golden Brown », chenillée sur toute la longueur du corps.

AILES : Poils de queue de veau blancs, divisés en deux parties égales pour former un « V » de 45° d'ouverture

COLLERETTE : Deux plumes de selle de coq grizzly teintes « Golden Brown », attachées par la tige et montées autour des ailes

TÊTE : Noire

## Bomber/Black Body/Red Butt/Black Hackle

Tier | Monteur: Christian Carrier
Creator | Créateur: Christian Carrier

TAIL: Black calf tail mixed with Frosty Flash
BUTT: Red-dyed deer body hair, spun and clipped
BODY: Black-dyed deer body hair, spun and clipped into a
cone shape
HACKLE: One black-dyed saddle hackle, palmered forward
WING: Black-dyed calf tail, divided and extending over the
hook eye
COLLAR HACKLE: Two black-dyed saddle hackles,
palmered around the wing
HEAD: Black

QUEUE : Poils de queue de veau teints noirs, mélangés
avec « Frosty Flash »
CUL : Poils de corps de chevreuil teints rouges tournés
tassés et coupés
CORPS : Poils de corps de chevreuil teints noirs, tournés
tassés et coupés en forme de cône
PALMURE : Une plume de selle de coq teinte noire,
chenillée sur toute la longueur du corps
AILES : Poils de queue de veau teints noirs, divisés en deux
parties égales pour former un « V » de 45° d'ouverture
COLLERETTE : Deux plumes de selle de coq teintes noires,
attachées par la tige et montées autour des ailes
TÊTE : Noire

## Bomber Bourdon

Tier | Monteur: Christian Carrier
Creator unknown | Créateur inconnu

TAIL: White calf tail
BODY: Yellow- and black-dyed deer body hair, spun
alternating and clipped into a cone shape
HACKLE: One black-dyed saddle hackle, palmered forward
WING: White calf tail, divided and extending over the
hook eye
COLLAR HACKLE: Two black-dyed saddle hackles,
palmered around the wing
HEAD: Black

QUEUE : Poils de queue de veau blancs
CORPS : Poils de corps de chevreuil teints jaunes et noirs,
tournés, tassés en alternance et coupés en forme de
cône
PALMURE : Une plume de selle de coq teinte noire,
chenillée sur toute la longueur du corps
AILES : Poils de queue de veau blancs, divisés en deux
parties égales pour former un « V » de 45° d'ouverture
COLLERETTE : Deux plumes de selle de coq teintes noires,
attachées par la tige et montées autour des ailes
TÊTE : Noire

# Bomber/Burnt Orange Body/Brown Hackle

Tier | Monteur: Christian Carrier
Creator | Créateur: Christian Carrier

TAIL: Yellow-dyed calf tail
BODY: Burnt orange–dyed deer body hair, spun and clipped into a cone shape
HACKLE: One brown saddle hackle, palmered forward
WING: Yellow-dyed calf tail, divided and extending over the hook eye
COLLAR HACKLE: Two brown saddle hackles, palmered around the wing
HEAD: Black

QUEUE : Poils de queue de veau teints jaunes
CORPS : Poils de corps de chevreuil teints orange brûlé, tournés, tassés et coupés en forme de cigare
PALMURE : Une plume de selle de coq teintes brunes, chenillées sur toute la longueur du corps
AILES : Poils de queue de veau teints jaunes, divisés en deux parties égales pour former un « V » de 45° d'ouverture
COLLERETTE : Deux plumes de selle de coq teintes brunes, attachées par la tige et montées autour des ailes
TÊTE : Noire

# Bomber/Burnt Orange Body/Brown Hackle 2.0

Tier | Monteur: Christian Carrier
Creator | Créateur: Christian Carrier

TAIL: Brown calf tail
BODY: Burnt orange–dyed deer body hair, spun and clipped into a cone shape
HACKLE: Two brown saddle hackles, palmered forward
WING: Brown calf tail, divided and extending over the hook eye
COLLAR HACKLE: Two brown saddle hackles, palmered around the wing
HEAD: Black

QUEUE : Poils de queue de veau teints bruns
CORPS : Poils de corps de chevreuil teints orange brûlé, tournés, tassés et coupés en forme de cigare
PALMURE : Deux plumes de selle de coq teintes brunes, chenillées sur toute la longueur du corps
AILES : Poils de queue de veau teints bruns, divisés en deux parties égales pour former un « V » de 45° d'ouverture
COLLERETTE : Deux plumes de selle de coq teintes brunes, attachées par la tige et montées autour des ailes
TÊTE : Noire

## Bomber/Burnt Orange Body/Golden Brown Hackle

Tier | Monteur: Christian Carrier
Creator | Créateur: Christian Carrier

TAIL: White calf tail

BODY: Burnt orange–dyed deer body, spun and clipped into a cone shape

HACKLE: One golden-brown grizzly saddle hackle, palmered forward

WING: White calf tail, divided and extending over the hood eye

COLLAR HACKLE: Two golden-brown saddle hackles, palmered around the wing

HEAD: Black

QUEUE : Poils de queue de veau blancs

CORPS : Poils de chevreuil teints orange brûlé, tournés, tassés et coupés en forme de cône

PALMURE : Une plume de selle de coq grizzly teinte « Golden Brown », chenillée sur toute la longueur du corps

AILES : Poils de queue de veau blancs, divisés en deux parties égales pour former un « V » de 45° d'ouverture

COLLERETTE : Deux plumes de selle de coq grizzly teintes « Golden Brown », attachées par la tige et montées autour des ailes

TÊTE : Noire

## Bomber/Burnt Orange Body/Grizzly Hackle

Tier | Monteur: Christian Carrier
Creator | Créateur: Christian Carrier

TAIL: White calf tail

BODY: Burnt orange–dyed deer body hair, spun and clipped into a cone shape

HACKLE: One grizzly saddle hackle, palmered forward

WING: White calf tail, divided and extending over the hood eye

COLLAR HACKLE: Two grizzly saddle hackles, palmered around the wing

HEAD: Black

QUEUE : Poils de queue de veau blancs

CORPS : Poils de chevreuil teints orange brûlé, tournés, tassés et coupés en forme de cône

PALMURE : Une plume de selle de coq grizzly, chenillée sur toute la longueur du corps

AILES : Poils de queue de veau blancs, divisés en deux parties égales pour former un « V » de 45° d'ouverture

COLLERETTE : Deux plumes de selle de coq grizzly, attachées par la tige et montées autour des ailes

TÊTE : Noire

# Bomber/Fluorescent Blue Body/Grizzly Hackle

Tier | Monteur: Christian Carrier
Creator unknown | Créateur inconnu

TAIL: White calf tail

BODY: Fluorescent blue–dyed deer body hair, spun and clipped into a cone shape

HACKLE: One grizzly saddle hackle, palmered forward

WING: White calf tail, divided and extending over the hook eye

COLLAR HACKLE: Two grizzly saddle hackles, palmered around the wing

HEAD: Black

QUEUE : Poils de queue de veau blancs

CORPS : Poils de corps de chevreuil teints bleu fluorescent, tournés, tassés et coupés en forme de cône

PALMURE : Une plume de selle de coq grizzly, chenillée sur toute la longueur du corps

AILES : Poils de queue de veau blancs, divisés en deux parties égales pour former un « V » de 45° d'ouverture

COLLERETTE : Deux plumes de selle de coq grizzly, attachées par la tige et montées autour des ailes

TÊTE : Bleu

# Bomber/Fluorescent Orange Body/Black Butt

Tier | Monteur: Christian Carrier
Creator | Créateur: Christian Carrier

TAIL: Fluorescent orange–dyed calf tail

BUTT: Black flat tinsel

BODY: Fluorescent orange–dyed deer body hair, spun and clipped into a cone shape

HACKLE: One fluorescent orange–dyed saddle hackle, palmered forward

WING: Fluorescent orange–dyed calf tail, divided and extending over the hook eye

COLLAR HACKLE: Two fluorescent orange–dyed saddle hackles, palmered around the wing

HEAD: Black

QUEUE : Poils de queue de veau teints orange fluorescent

CUL : Lame noire

CORPS : Poils de corps de chevreuil teints orange fluorescent, tournés, tassés et coupés en forme de cône

PALMURE : Une plume de selle de coq teinte orange fluorescent, chenillée sur toute la longueur du corps

AILES : Poils de queue de veau teints orange fluorescent, divisés en deux parties égales pour former un « V » de 45° d'ouverture

COLLERETTE : Deux plumes de selle de coq teintes orange fluorescent, attachées par la tige et montées autour des ailes

TÊTE : Noire

## Bomber/Green Body/Grizzly Hackle

Tier | Monteur: Christian Carrier

Creator unknown | Créateur inconnu

TAIL: White calf tail

BODY: Green-dyed deer body hair, spun and clipped into a cone shape

HACKLE: One grizzly saddle hackle, palmered forward

WING: White calf tail, divided and extending over the hook eye

COLLAR HACKLE: Two grizzly saddle hackles, palmered around the wing

HEAD: Green

QUEUE : Poils de queue de veau blancs

CORPS : Poils de corps de chevreuil teints verts, tournés, tassés et coupés en forme de cône

PALMURE : Une plume de selle de coq grizzly, chenillée sur toute la longueur du corps

AILES : Poils de queue de veau blancs, divisés en deux parties égales pour former un « V » de 45° d'ouverture

COLLERETTE : Deux plumes de selle de coq grizzly, attachées par la tige et montées autour des ailes

TÊTE : Verte

## Bomber/Green Body/Yellow Hackle

Tier | Monteur: Christian Carrier

Creator unknown | Créateur inconnu

TAIL: Yellow-dyed calf tail

BODY: Green-dyed deer body hair, spun and clipped into a cone shape

HACKLE: Two yellow-dyed saddle hackles, palmered forward

WING: Yellow-dyed calf tail, divided and extending over the hook eye

COLLAR HACKLE: Two yellow-dyed saddle hackles, palmered around the wing

HEAD: Black

QUEUE : Poils de queue de veau teints jaunes

CORPS : Poils de corps de chevreuil teints verts, tournés, tassés et coupés en forme de cigare

PALMURE : Deux plumes de selle de coq teintes jaunes, chenillées sur toute la longueur du corps.

AILES : Poils de queue de veau teints jaunes, divisés en deux parties égales pour former un « V » de 45° d'ouverture.

COLLERETTE : Deux plumes de selle de coq teintes jaunes, attachées par la tige et montées autour des ailes

TÊTE : Noire

# Bomber/Grey Body/Grizzly Hackle
Tier | Monteur: Christian Carrier
Creator | Créateur: Christian Carrier

TAIL: Pearl Krystal Flash and white calf tail, mixed

BODY: Blue-grey-dyed deer body hair, spun and clipped into a cone shape

HACKLE: One grizzly saddle hackle, palmered forward

WING: White calf tail, divided and extending over the hook eye

COLLAR HACKLE: Two grizzly saddle hackles, palmered around the wing

HEAD: Black

QUEUE : Poils de queue de veau blancs, mélangés avec du « Krystal Flash » perle

CORPS : Poils de corps de chevreuil teints gris bleu, tournés, tassés et coupés en forme de cône

PALMURE : Une plume de selle de coq grizzly, chenillée sur toute la longueur du corps

AILES : Poils de queue de veau blancs, divisés en deux parties égales pour former un « V » de 45° d'ouverture

COLLERETTE : Deux plumes de selle de coq grizzly, attachées par la tige et montées autour des ailes

TÊTE : Noire

# Bomber/Light Blue Body/Black Butt/White Hackle
Tier | Monteur: Christian Carrier
Creator unknown | Créateur inconnu

TAIL: White calf tail

BUTT: Black-dyed deer body hair, spun and clipped

BODY: Light-blue-dyed deer body hair, spun and clipped into a cone shape

HACKLE: One white saddle hackle, palmered forward

WING: White calf tail, divided and extending over the hook eye

COLLAR HACKLE: Two white saddle hackles, palmered around the wing

HEAD: Black

QUEUE : Poils de queue de veau blancs

CUL : Poils de corps de chevreuil teints noirs, tournés, tassés et coupés

CORPS : Poils de corps de chevreuil teints bleu très pâle, tournés, tassés et coupés en forme de cône.

PALMURE : Une plume de selle de coq blanche, chenillée sur toute la longueur du corps

AILES : Poils de queue de veau blancs, divisés en deux parties égales pour former un « V » de 45° d'ouverture.

COLLERETTE : Deux plumes de selle de coq blanches, attachées par la tige et montées autour des ailes

TÊTE : Noire

## Bomber/Natural Body/Fluorescent Yellow Butt/ Olive Hackle

Tier | Monteur: Christian Carrier
Creator | Créateur: Christian Carrier

TAIL: Olive-dyed calf tail

BUTT: Fluorescent yellow–dyed deer body hair, spun and clipped

BODY: Natural deer body hair, spun and clipped into a cone shape

HACKLE: One olive-dyed saddle hackle, palmered forward

WING: Olive-dyed calf tail, divided and extending over the hook eye

COLLAR HACKLE: Two olive-dyed saddle hackles, palmered around the wing

HEAD: Black

QUEUE : Poils de queue de veau teints olive

CUL : Poils de corps de chevreuil teints jaune fluorescent, tournés, tassés et coupés

CORPS : Poils de corps de chevreuil naturels, tournés, tassés et coupés en forme de cône

PALMURE : Une plume de selle de coq teinte olive, chenillée sur toute la longueur du corps

AILES : Poils de queue de veau teints olive, divisés en deux parties égales pour former un « V » de 45° d'ouverture

COLLERETTE : Deux plumes de selle de coq teintes olive, attachées par la tige et montées autour des ailes

TÊTE : Noire

## Bomber/Natural Body/Green Butt/Golden Brown Hacklc

Tier | Monteur: Christian Carrier
Creator unknown | Créateur inconnu

TAIL: Yellow-dyed calf tail

BODY: Natural deer body hair, spun and clipped into a cone shape

HACKLE: One golden-brown grizzly saddle hackle, palmered forward

WING: Yellow-dyed calf tail, divided and extending over the hook eye

COLLAR HACKLE: Two golden-brown grizzly saddle hackles, palmered around the wing

HEAD: Black

QUEUE : Poils de queue de veau teints jaunes

CORPS : Poils de chevreuil naturels, tournés, tassés et coupés en forme de cône

PALMURE : Une plume de selle de coq grizzly teinte « Golden Brown », chenillée sur toute la longueur du corps

AILES : Poils de queue de veau teints jaunes, divisés en deux parties égales pour former un « V » de 45° d'ouverture

COLLERETTE : Deux plumes de selle de coq grizzly teintes « Golden Brown », attachées par la tige et montées autour des ailes

TÊTE : Noire

## Bomber/Natural Body/White Hackle/Green Butt

Tier | Monteur: Christian Carrier

Creator unknown | Créateur inconnu

TAIL: White calf tail

BUTT: Fluorescent green–dyed deer body hair, spun and clipped

BODY: Natural deer body hair, spun and clipped into a cone shape

HACKLE: One white saddle hackle, palmered forward

WING: White calf tail, divided and extending over the hook eye

COLLAR HACKLE: Two white saddle hackles, palmered around the wing

HEAD: Black

QUEUE : Poils de queue de veau blancs

CUL : Poils de corps de chevreuil teints vert fluorescent, tournés, tassés et coupés

CORPS : Poils de corps de chevreuil naturels, tournés, tassés et coupés en forme de cône

PALMURE : Une plume de selle de coq blanche, chenillée sur toute la longueur du corps

AILES : Poils de queue de veau blancs, divisés en deux parties égales pour former un « V » de 45° d'ouverture

COLLERETTE : Deux plumes de selle de coq blanches, attachées par la tige et montées autour des ailes

TÊTE : Noire

## Bomber/Natural Body/White Hackle/Red Butt

Tier | Monteur: Christian Carrier

Creator unknown | Créateur inconnu

TAIL: White calf tail

BUTT: Fluorescent red–dyed deer body hair, spun and clipped

BODY: Natural deer body hair, spun and clipped into a cone shape

HACKLE: One white saddle hackle, palmered forward

WING: White calf tail, divided and extending over the hook eye

COLLAR HACKLE: Two white saddle hackles, palmered around the wing

HEAD: Black

QUEUE : Poils de queue de veau blancs

CUL : Poils de corps de chevreuil teints rouge fluorescent, tournés, tassés et coupés

CORPS : Poils de corps de chevreuil naturels, tournés, tassés et coupés en forme de cône

PALMURE : Une plume de selle de coq blanche, chenillée sur toute la longueur du corps

AILES : Poils de queue de veau blancs, divisés en deux parties égales pour former un « V » de 45° d'ouverture

COLLERETTE : Deux plumes de selle de coq blanches, attachées par la tige et montées autour des ailes.

TÊTE : Noire

## Bomber/Orange Body/Green Butt/Yellow Hackle

Tier | Monteur: Christian Carrier
Creator unknown | Créateur inconnu

TAIL: White calf tail

BUTT: Fluorescent green–dyed deer body hair, spun and clipped

BODY: Orange-dyed deer body hair, spun and clipped into a cone shape

HACKLE: One yellow-dyed saddle hackle, palmered forward

WING: White calf tail, divided and extending over the hook eye

COLLAR HACKLE: Two yellow-dyed saddle hackles, palmered around the wing

HEAD: Black

QUEUE : Poils de queue de veau blancs

CUL : Poils de corps de chevreuil teints vert fluorescent tournés, tassés et coupés

CORPS : Poils de corps de chevreuil teints orange tournés, tassés et coupés en forme de cône

PALMURE : Une plume de selle de coq teinte jaune, chenillée sur toute la longueur du corps

AILES : Poils de queue de veau blancs, divisés en deux parties égales pour former un « V » de 45° d'ouverture

COLLERETTE : Deux plumes de selle de coq teintes jaunes, attachées par la tige et montées autour des ailes

TÊTE : Noire

## Bomber Rusty Rat

Tier | Monteur: Rénald Dufour
Creator | Créateur: Rénald Dufour

TAIL: American grey fox guard hair

BODY: Mixed yellow- and orange-dyed deer body hair, spun and clipped into a cone shape

HACKLE: Two grizzly saddle hackles, palmered forward

WING: American grey fox guard hair, divided and extending over the hook eye

COLLAR HACKLE: Two grizzly saddle hackles, attached and tied around the wing

HEAD: Black

QUEUE : Poils de dos de renard gris américain

CORPS : Poils de corps de chevreuil teints jaunes et orange, mélangés, tournés, tassés et coupés en forme de cigare

PALMURE : Une plume de selle de coq grizzly, chenillées sur toute la longueur du corps

AILES : Poils de dos de renard gris américain, divisés en deux parties égales pour former un « V » de 45 degrés d'ouverture

COLLERETTE : Deux plumes de selle de coq grizzly, attachées par la tige et chenillées autour de l'aile

TÊTE : Noire

## Bomber Ti Paul
Tier | Monteur: Christian Carrier
Creator | Créateur: Christian Carrier

TAIL: White calf tail

BODY: Green-dyed deer body hair, spun and clipped into a cone shape

HACKLE: One golden brown–dyed  grizzly saddle hackle, palmered forward

WING: White calf tail, divided and extending over the hook eye

COLLAR HACKLE: Two golden-brown grizzly saddle hackles, palmered around the wing

HEAD: Black

QUEUE : Poils de queue de veau blancs

CORPS : Poils de chevreuil teints verts, tournés, tassés et coupés en forme de cône

PALMURE : Une plume de selle de coq grizzly teinte « Golden Brown », chenillée sur toute la longueur du corps

AILES : Poils de queue de veau blancs, divisés en deux parties égales pour former un « V » de 45° d'ouverture

COLLERETTE : Deux plumes de selle de coq grizzly teintes « Golden Brown », attachées par la tige et montées autour des ailes

TÊTE : Noire

## Bomber Tiger Ghost
Tier | Monteur: Rénald Dufour
Creator | Créateur: Rénald Dufour

TAIL: American grey fox guard hair

BODY: Mixed white and black deer body hair, spun and clipped into a cone shape

HACKLE: One natural grizzly and a yellow-dyed saddle hackle, palmered forward

WING: American grey fox guard hair, divided and extending over the hook eye

COLLAR: Two yellow-dyed and natural grizzly saddle hackles, attached and tied around the wing

HEAD: Black

QUEUE : Poils de dos de renard gris américain

CORPS : Poils de corps de chevreuil teints blancs et noirs, mélangés, tournés, tassés et coupés en forme de cigare

PALMURE : Une plume de selle de coq grizzly naturelle et une teinte jaune, chenillées sur toute la longueur du corps

AILES : Poils de dos de renard gris américain, divisés en deux parties égales pour former un « V » de 45° d'ouverture

COLLERETTE : Deux plumes de selle de coq grizzly naturelles et teintes jaunes, attachées par la tige et chenillées autour de l'aile

TÊTE : Noire

## Bomber Undertaker

Tier | Monteur: Christian Carrier
Creator | Créateur: Christian Carrier

WING: White calf tail

TAG: Flat gold tinsel

BUTT: Fluorescent green–dyed deer body hair, followed by fluorescent pink–dyed deer body hair, spun and clipped

BODY: Black-dyed deer body hair, spun and clipped into a cone shape

HACKLE: One badger saddle hackle, palmered forward

WING: White calf tail, divided and extending over the hook eye

COLLAR HACKLE: Two badger saddle hackles, palmered around the wing

HEAD: Black

QUEUE : Poils de queue de veau blancs

FERRET : Lame dorée

CUL : Poils de corps de chevreuil vert fluorescent, suivis de rose fluorescent, tournés, tassés et coupés

CORPS : Poils de chevreuil teints noirs, tournés, tassés et coupés en forme de cône

PALMURE : Une plume de selle de coq « badger », chenillée sur toute la longueur du corps

AILES : Poils de queue de veau blancs, divisés en deux parties égales pour former un « V » de 45° d'ouverture

COLLERETTE : Deux plumes de selle de coq « badger », attachées par la tige et montées autour des ailes

TÊTE : Noire

## Bomber/White Body/Fluorescent Green Butt/Brown Hackle

Tier | Monteur: Christian Carrier
Creator unknown | Créateur inconnu

TAIL: White calf tail

BUTT: Fluorescent green–dyed deer body hair, spun and clipped

BODY: White deer body hair, spun and clipped into a cone shape

HACKLE: One brown saddle hackle, palmered forward

WING: White calf tail, divided and extending over the hook eye

COLLAR HACKLE: Two brown saddle hackles, palmered around the wing

HEAD: Black

QUEUE : Poils de queue de veau blancs

CUL : Poils de corps de chevreuil teints vert fluorescent, tournés, tassés et coupés

CORPS : Poils de corps de chevreuil blancs, tournés, tassés et coupés en forme de cône

PALMURE : Une plume de selle de coq brune, chenillée sur toute la longueur du corps

AILES : Poils de queue de veau blancs, divisés en deux parties égales pour former un « V » de 45° d'ouverture

COLLERETTE : Deux plumes de selle de coq brunes, attachées par la tige et montées autour des ailes

TÊTE : Noire

# Bomber/White Body/Fluorescent Green Hackle
Tier | Monteur: Christian Carrier
Creator unknown | Créateur inconnu

TIP: Fluorescent green floss

TAIL: White calf tail

BODY: White deer body hair, spun and clipped into a cone shape

HACKLE: One fluorescent green–dyed saddle hackle, palmered forward

WING: White calf tail, divided and extending over the hook eye

COLLAR HACKLE: Two fluorescent green–dyed saddle hackles, palmered around the wing

HEAD: Fluorescent green

QUEUE : Poils de queue de veau blancs

CUL : Soie floche vert fluorescent

CORPS : Poils de corps de chevreuil blancs, tournés tassés et coupés en forme de cône

PALMURE : Une plume de selle de coq teinte vert fluorescent, chenillée sur toute la longueur du corps.

AILES : Poils de queue de veau blancs, divisés en deux parties égales pour former un « V » de 45° d'ouverture

COLLERETTE : Deux plumes de selle de coq teintes vert fluorescent, attachées par la tige et montées autour des ailes

TÊTE : Vert fluorescent

# Bomber/White Body/Fluorescent Yellow Butt/Grizzly Hackle
Tier | Monteur: Christian Carrier
Creator unknown | Créateur inconnu

TAIL: White calf tail

BUTT: Fluorescent yellow–dyed deer body hair, spun and clipped

BODY: White deer body hair, spun and clipped into a cone shape

HACKLE: Grizzly saddle hackle, palmered forward

WING: White calf tail, divided and extending over the hook eye

COLLAR HACKLE: Two grizzly saddle hackles, palmered around the wing

HEAD: Black

QUEUE : Poils de queue de veau blancs

CUL : Poils de corps de chevreuil teints jaune fluorescent, tournés, tassés et coupés

CORPS : Poils de chevreuil blancs, tournés, tassés et coupés en forme de cône

PALMURE : Une plume de selle de coq grizzly, chenillée sur toute la longueur du corps

AILES : Poils de queue de veau blancs, divisés en deux parties égales pour former un « V » de 45° d'ouverture

COLLERETTE : Deux plumes de selle de coq grizzly, attachées par la tige et montées autour des ailes

TÊTE : Noire

## Bomber/White Body/Hot Orange Hackle

Tier | Monteur: Rénald Dufour
Creator | Créateur: Rénald Dufour

TAIL: Hot-orange-dyed American grey fox guard hair

BUTT: Hot-orange-dyed deer body hair

BODY: White deer body hair, spun and clipped into a cone shape

HACKLE: A hot-orange-dyed badger saddle hackle, palmered forward

WING: Hot-orange-dyed American grey fox guard hair, divided and extending over the hook eye

COLLAR HACKLE: Two hot-orange-dyed saddle hackles, attached and tied around the wing

HEAD: Black

QUEUE : Poils de dos de renard gris américain teints orange vif

CUL : Poils de corps de chevreuil teints orange vif

CORPS : Poils de corps de chevreuil blancs, tournés, tassés et coupés en forme de cigare

PALMURE : Une plume de selle de coq « badger » teinte orange vif, chenillée sur toute la longueur du corps

AILES : Poils de dos de renard gris américain teints orange vif, divisés en deux parties égales pour former un « V » de 45° d'ouverture

COLLERETTE : Deux plumes de selle de coq « badger » teintes orange vif, attachées par la tige et chenillées autour de l'aile

TÊTE : Noir

## Bomber/White Wing/Black Body/Fluorescent Yellow Butt/Black Hackle

Tier | Monteur: Christian Carrier
Creator | Créateur: Christian Carrier

TAIL: White calf tail

BUTT: Fluorescent yellow–dyed flat tinsel

BODY: Black-dyed deer body hair, spun and clipped into a cone shape

HACKLE: One black hackle, palmered forward

WING: White calf tail, divided and extending over the hook eye

COLLAR HACKLE: Two black hackles, palmered around the wing

HEAD: Black

QUEUE : Poils de queue de veau blancs

CUL : Lame jaune fluorescent

CORPS : Poils de chevreuil teints noirs, tournés, tassés et coupés en forme de cône

PALMURE : Une plume de selle de coq noire, chenillée sur toute la longueur du corps

AILES : Poils de queue de veau blancs, divisés en deux parties égales pour former un « V » de 45° d'ouverture.

COLLERETTE : Deux plumes de selle de coq noires, attachées par la tige et montées autour des ailes

TÊTE : Noire

## Bomber/Wine Body/Fluorescent Green Butt/Golden Brown Hackle

Tier | Monteur: Christian Carrier
Creator | Créateur: Christian Carrier

TAIL: White calf tail

BUTT: Fluorescent green–dyed deer body hair, spun and clipped

BODY: Light-wine-dyed deer body hair, spun and clipped into a cone shape

HACKLE: One golden-brown-dyed grizzly saddle hackle, palmered forward

WING: White calf tail, divided and extending over the hook eye

COLLAR HACKLE: Two golden-brown-dyed saddle hackles, palmered around the wing

HEAD: Black

QUEUE : Poils de queue de veau blancs

CUL : Poils de corps de chevreuil teints vert fluorescent, tassés et coupés

CORPS : Poils de corps de chevreuil teints rouge vin pâle, tassés et coupés en forme de cône

PALMURE : Une plume de selle de coq grizzly teinte « Golden Brown », chenillée sur toute la longueur du corps

AILES : Poils de queue de veau blancs, divisés en deux parties égales pour former un « V » de 45° d'ouverture

COLLERETTE : Deux plumes de selle de coq grizzly teintes « Golden Brown », attachées par la tige et montées autour des ailes

TÊTE : Noire

## Bomber/Yellow Wing/Black Body/Golden Brown Hackle

Tier | Monteur: Christian Carrier
Creator unknown | Créateur inconnu

TAIL: Yellow-dyed calf tail

BODY: Black-dyed deer body hair, spun and clipped into a cone shape

HACKLE: One golden-brown grizzly saddle hackle, palmered forward

WING: Yellow-dyed calf tail, divided and extending over the hook eye

COLLAR HACKLE: Two golden-brown grizzly saddle hackles, palmered around the wing

HEAD: Black

QUEUE : Poils de queue de veau teints jaunes

CORPS : Poils de chevreuil teints noirs, tournés, tassés et coupés en forme de cône

PALMURE : Une plume de selle de coq grizzly teinte « Golden Brown », chenillée sur toute la longueur du corps

AILES : Poils de queue de veau teints jaunes, divisés en deux parties égales pour former un « V » de 45° d'ouverture

COLLERETTE : Deux plumes de selle de coq grizzly teintes « Golden Brown », attachées par la tige et montées autour des ailes

TÊTE : Noire

## Bumble Bee Buck Bug

Tier | Monteur: Todd Kennedy
Creator unknown | Créateur inconnu

TAIL: White calf tail
BODY: Deer body hair, spun and clipped in two colours, alternating black, yellow, and black from tail to head
HACKLE: Two brown saddle hackles, palmered forward
HEAD: Black

QUEUE : Poils de queue de veau blancs
CORPS : Poils de corps de chevreuil, tournés, tassés et coupés en forme de cigare, en alternant les couleurs de la façon suivante : noir, jaune et noir
PALMURE : Deux plumes de selle de coq brune, chenillées sur toute la longueur du corps
TÊTE : Noire

## Capitaine Mike

Tier | Monteur: Christian Carrier
Creator | Créateur: Christian Carrier

TAIL: White calf tail
BODY: Mixed grey-, blue- and green-dyed deer body hair, spun and clipped into a cone shape
HACKLE: One grizzly saddle hackle, palmered forward
WING: White calf tail, divided and extending over the hook eye
COLLAR HACKLE: Two grizzly saddle hackles, palmered around the wing
HEAD: Black

QUEUE : Poils de queue de veau blancs
CORPS : Mélange de poils de chevreuil gris, bleus et verts, tournés, tassés et coupés en forme de cône
PALMURE : Une plume de selle de coq grizzly, chenillée sur toute la longueur du corps
AILES : Poils de queue de veau blancs, divisés en deux parties égales pour former un « V » de 45° d'ouverture
COLLERETTE : Deux plumes de selle de coq grizzly, attachées par la tige et montées autour des ailes
TÊTE : Noire

## Carter Bug/Chocolate Body

Tier | Monteur: Jacques Héroux
Creator | Créateur: Jacques Héroux

TAIL: Dark-brown-dyed deer hair
BODY: Dark-brown-dyed deer body hair, spun and clipped loose (not packed); the bottom is clipped flat
HACKLE: Two brown-dyed saddle hackles, palmered forward with three or four turns
HEAD: Yellow

QUEUE : Poils naturels de chevreuil teints brun foncé
CORPS : Poils naturels de chevreuil teints brun foncé, tournés et non tassés, le dessous coupé plat
PALMURE : Deux plumes de selle de coq teintes brunes, chenillées trois ou quatre tours sur toute la longueur du corps
TÊTE : Jaune

## Carter Bug/Crevette
Tier | Monteur: Jacques Héroux
Creator | Créateur: Jacques Héroux

TAIL: Peach-salmon–dyed deer hair
BODY: Peach-salmon–dyed deer body hair, spun and
  clipped loose (not packed); the bottom is clipped flat
HACKLE: Two peach-salmon–dyed saddle hackles,
  palmered forward three or four turns
HEAD: Yellow

QUEUE : Poils de corps de chevreuil teints pêche/saumon
CORPS : Poils de corps de chevreuil teints pêche/saumon,
  tournés et non tassés, le dessous coupé plat
PALMURE : Deux plumes de selle de coq teintes pêche/
  saumon, chenillées trois ou quatre tours sur toute la
  longueur du corps
TÊTE : Jaune

## Carter Bug/Green Body
Tier | Monteur: Jacques Héroux
Creator | Créateur: Jacques Héroux

TAIL: Green-dyed deer hair
BODY: Green-dyed deer body hair, spun and clipped loose
  (not packed); the bottom is clipped flat
HACKLE: Two brown-dyed saddle hackles, palmered
  forward with three or four turns
HEAD: Yellow

QUEUE : Poils de corps de chevreuil teints verts
CORPS : Poils de corps de chevreuil teints verts, tournés
  et non tassés, le dessous coupé plat
PALMURE : Deux plumes de selle de coq teintes brunes,
  chenillées trois ou quatre tours sur toute la longueur
  du corps
TÊTE : Jaune

## Carter Bug/Labatt Blue
Tier | Monteur: Jacques Héroux
Creator | Créateur: Jacques Héroux

TAIL: Blue-dyed deer hair
BODY: Blue-dyed deer body hair, spun and clipped loose
  (not packed); the bottom is clipped flat
HACKLE: Two brown-dyed saddle hackles, palmered
  forward three or four turns
HEAD: Yellow

QUEUE : Poils de chevreuil teints bleus
CORPS : Poils de chevreuil teints bleus, tournés et non
  tassés, le dessous coupé plat
PALMURE : Deux plumes de selle de coq teintes brunes,
  chenillées trois ou quatre tours sur toute la longueur
  du corps
TÊTE : Jaune

## Carter Bug/Orange Hackle

Tier | Monteur: Jacques Héroux
Creator unknown | Créateur inconnu

TAIL: Natural deer hair
BODY: Natural deer body hair, spun and clipped loose
   (not packed); the bottom is clipped flat
HACKLE: Two orange-dyed saddle hackles, palmered
   forward with three or four turns
HEAD: Yellow

QUEUE : Poils naturels de chevreuil
CORPS : Poils naturels de corps de chevreuil, tournés et
   non tassés, le dessous coupé plat
PALMURE : Deux plumes de selle de coq teintes orange,
   chenillées trois ou quatre tours sur toute la longueur
   du corps
TÊTE : Jaune

## Carter Bug/Red Band

Tier | Monteur: Jacques Héroux
Creator | Créateur: Bryant Freeman

TAIL: Natural deer hair
BODY: Natural deer body hair with a band of red-dyed
   deer body hair in the middle, spun and clipped loose
   (not packed); the bottom is clipped flat
HACKLE: Two brown-dyed saddle hackles, palmered
   forward three or four turns
HEAD: Yellow

QUEUE : Poils naturels de chevreuil
CORPS : Poils naturels de corps de chevreuil, avec au
   centre une bande de poils de chevreuil teints rouges,
   tournés et non tassés, le dessous coupé plat
PALMURE : Deux plumes de selle de coq teintes brunes,
   chenillées trois ou quatre tours sur toute la longueur
   du corps
TÊTE : Jaune

## Carter Bug/White Body/Yellow Hackle

Tier | Monteur: Jacques Héroux
Creator | Créateur: Jacques Héroux

TAIL: White deer hair
BODY: White deer body hair, spun and clipped loose (not
   packed); the bottom is clipped flat
HACKLE: Two bright-yellow-dyed saddle hackles, palmered
   forward three or four turns
HEAD: Yellow

QUEUE : Poils de corps de chevreuil blancs
CORPS : Poils de corps de chevreuil blancs, tournés et non
   tassés, le dessous coupé plat
PALMURE : Deux plumes de selle de coq teintes jaunes,
   chenillées trois ou quatre tours sur toute la longueur
   du corps
TÊTE : Jaune

## CDC Bomber/Aqua-Green Body

Tier | Monteur: Christian Carrier
Creator | Créateur: Christian Carrier

TAIL: Four white cul de canard (CDC) feathers

BODY: Aqua CDC feathers tied around the shank using a dubbing loop, packed and clipped into a cone shape

WING: Eight white CDC feathers, divided into equal sections to form two wings

HEAD: Black

QUEUE : Quatre plumes de cul de canard (CDC) blanches

CORPS : Plumes de CDC teintes aqua, montées autour de l'hameçon en « dubbing loop », tassées et coupées en forme de cône

AILES : Deux ailes de quatre plumes de CDC blanches chacune, divisées en deux parties égales

TÊTE : Noire

## CDC Bomber/Black Body/Yellow Wing

Tier | Monteur: Christian Carrier
Creator | Créateur: Christian Carrier

TAIL: Four yellow-dyed cul de canard (CDC) feathers

BODY: Black-dyed CDC feathers tied around the shank using a dubbing loop, packed and clipped into a cone shape

WING: Eight yellow-dyed CDC feathers, divided into equal sections to form two wings

HEAD: Black

QUEUE : Quatre plumes de cul de canard (CDC) jaunes

CORPS : Plumes de CDC teintes noires, montées autour de l'hameçon en « dubbing loop », tassées et coupées en forme de cône

AILES : Deux ailes de quatre plumes de CDC jaunes chacune, divisées en deux parties égales

TÊTE : Noire

## CDC Bomber/Blue Dun Body/Green Butt

Tier | Monteur: Christian Carrier
Creator | Créateur: Christian Carrier

TAIL: Four white cul de canard (CDC) feathers

BUTT: Green-dyed CDC feathers tied around the shank using a dubbing loop

BODY: Blue Dun CDC feathers tied around the shank using a dubbing loop, packed and clipped into a cone shape

WING: Eight white CDC feathers, divided into equal sections to form two wings

HEAD: Black

QUEUE : Quatre plumes de cul de canard (CDC) blanches

CUL : Plumes de CDC teintes vertes, montées autour de l'hameçon en « dubbing loop »

CORPS : Plumes de CDC teintes « blue dun », montées autour de l'hameçon en « dubbing loop », tassées et coupées en forme de cône

AILES : Deux ailes de quatre plumes de CDC blanches chacune, divisées en deux parties égales

TÊTE : Noire

## CDC Bomber/Brown Body

Tier | Monteur: Christian Carrier
Creator | Créateur: Christian Carrier

TAIL: Four white cul de canard (CDC) feathers
BODY: Brown-dyed CDC feathers tied around the shank using a dubbing loop, packed and clipped into a cone shape
WING: Eight white CDC feathers, divided into equal sections to form two wings
HEAD: Black

QUEUE : Quatre plumes de cul de canard (CDC) blanches
CORPS : Plumes de CDC teintes brunes, montées autour de l'hameçon en « dubbing loop », tassées et coupées en forme de cône
AILES : Deux ailes de quatre plumes de CDC blanches chacune, divisées en deux parties égales
TÊTE : Noire

## CDC Bomber/Crevette

Tier | Monteur: Christian Carrier
Creator | Créateur: Christian Carrier

TAIL: Four white cul de canard (CDC) feathers
BODY: Peach-dyed CDC feathers tied around the shank using a dubbing loop, packed and clipped into a cone shape
WING: Eight white CDC feathers, divided into equal sections to form two wings
HEAD: Black

QUEUE : Quatre plumes de cul de canard (CDC) blanches
CORPS : Plumes de CDC teintes pêche, montées autour de l'hameçon en « dubbing loop », tassées et coupées en forme de cône
AILES : Deux ailes de quatre plumes de CDC blanches chacune, divisées en deux parties égales
TÊTE : Noire

## CDC Bomber/Dark Blue Body/Yellow Butt

Tier | Monteur: Christian Carrier
Creator | Créateur: Christian Carrier

TAIL: Four white cul de canard (CDC) feathers
BUTT: Yellow-dyed CDC feathers tied around the shank using a dubbing loop
BODY: Dark-blue-dyed CDC feathers tied around the shank using a dubbing loop, packed and clipped into a cone shape
WING: Eight white CDC feathers, divided into equal sections to form two wings
HEAD: Black

QUEUE : Quatre plumes de cul de canard (CDC) blanches
CUL : Plumes de CDC teintes jaunes, montées autour de l'hameçon en « dubbing loop »
CORPS : Plumes de CDC teintes bleu foncé, montées autour de l'hameçon en « dubbing loop », tassées et coupées en forme de cône
AILES : Deux ailes de quatre plumes de CDC blanches chacune, divisées en deux parties égales
TÊTE : Noire

## CDC Bomber/Light Blue Body

Tier | Monteur: Christian Carrier
Creator | Créateur: Christian Carrier

TAIL: Four white cul de canard (CDC) feathers
BODY: Light-blue-dyed CDC feathers tied around the shank using a dubbing loop, packed and clipped into a cone shape
WING: Eight white CDC feathers, divided into equal sections to form two wings
HEAD: Black

QUEUE : Quatre plumes de cul de canard (CDC) blanches
CORPS : Plumes de CDC teintes bleu pâle, montées autour de l'hameçon en « dubbing loop », tassées et coupées en forme de cône
AILES : Deux ailes de quatre plumes de CDC blanches chacune, divisées en deux parties égales
TÊTE : Noire

## CDC Bomber/Light Brown Body

Tier | Monteur: Christian Carrier
Creator | Créateur: Christian Carrier

TAIL: Four white cul de canard (CDC) feathers
BODY: Light-brown-dyed CDC feathers tied around the shank using a dubbing loop, packed and clipped into a cone shape
WING: Eight white CDC feathers each, divided into equal sections to form two wings
HEAD: Black

QUEUE : Quatre plumes de cul de canard (CDC) blanches
CORPS : Plumes de CDC teintes brun pâle, montées autour de l'hameçon en « dubbing loop », tassées et coupées en forme de cône
AILES : Deux ailes de quatre plumes de CDC blanches chacune, divisées en deux parties égales
TÊTE : Noire

## CDC Bomber/Olive Body

Tier | Monteur: Christian Carrier
Creator | Créateur: Christian Carrier

TAIL: Four white cul de canard (CDC) feathers
BODY: Olive-dyed CDC feathers tied around the shank using a dubbing loop, packed and clipped into a cone shape
WING: Eight white CDC feathers, divided into equal sections to form two wings
HEAD: Black

QUEUE : Quatre plumes de cul de canard (CDC) blanches
CORPS : Plumes de CDC teintes olive, montées autour de l'hameçon en « dubbing loop », tassées et coupées en forme de cône
AILES : Deux ailes de quatre plumes de CDC blanches chacune, divisées en deux parties égales
TÊTE : Noire

## CDC Bomber/Orange Body/Yellow Butt

Tier | Monteur: Christian Carrier
Creator | Créateur: Christian Carrier

TAIL: Four yellow-dyed cul de canard (CDC) feathers
BUTT: Yellow-dyed CDC feathers tied around the shank using a dubbing loop
BODY: Orange-dyed  CDC feathers tied around the shank using a dubbing loop, packed and clipped into a cone shape
WING: Eight white CDC feathers, divided into equal sections to form two wings
HEAD: Black

QUEUE : Quatre plumes de cul de canard (CDC) jaunes
CUL : Plumes de CDC teintes jaunes, montées autour de l'hameçon en « dubbing loop »
CORPS : Plumes de CDC teintes orange, montées autour de l'hameçon en « dubbing loop », tassées et coupées en forme de cône
AILES : Deux ailes de quatre plumes de CDC blanches chacune, divisées en deux parties égales
TÊTE : Noire

## CDC Bomber/Yellow Body

Tier | Monteur: Christian Carrier
Creator | Créateur: Christian Carrier

TAIL: Four white cul de canard (CDC) feathers
BODY: Yellow-dyed CDC feathers tied around the shank using a dubbing loop, packed and clipped into a cone shape
WING: Eight white CDC feathers, divided into equal sections to form two wings
HEAD: Black

QUEUE : Quatre plumes de cul de canard (CDC) blanches
CORPS : Plumes de CDC teintes jaunes, montées autour de l'hameçon en « dubbing loop », tassées et coupées en forme de cône
AILES : Deux ailes de quatre plumes de CDC blanches chacune, divisées en deux parties égales
TÊTE : Noire

## CDC Royal Wulff

Tier | Monteur: Christian Carrier
Creator | Créateur: Christian Carrier

TAIL: Four white cul de canard (CDC) feathers
BODY: A butt of brown-dyed  CDC feathers, followed by a small section of red floss and another butt of brown-dyed CDC feathers tied around the shank using a dubbing loop, packed and clipped into a cone shape
WING: Eight white CDC feathers, divided into equal sections to form two wings
HEAD: Black

QUEUE : Quatre plumes de cul de canard (CDC) blanches
CORPS : Un bout en plumes de CDC teintes brunes, suivi d'une petite section en soie floche rouge et d'un autre bout en plumes de CDC teintes brunes, montées autour de l'hameçon en « dubbing loop », tassées et coupées en forme de cône
AILES : Deux ailes de quatre plumes de CDC blanches chacune, divisées en deux parties égales
TÊTE : Noire

## Dirty Bomber

Tier | Monteur: Christopher Sinclair
Creator | Créateur: Paul M. White

TAIL: White calf tail

BUTT: Dark-green-dyed deer body hair spun and clipped loose (not packed)

BODY: White deer body hair, spun and clipped loose (not packed)

HACKLE: One long orange-dyed saddle hackle, palmered forward

WING: White calf tail

HEAD: Black

QUEUE : Poils de queue de veau blancs

CUL : Poils de corps de chevreuil teints vert foncé tournés et non tassés

CORPS : Poils de corps de chevreuil blancs, tournés et non tassés

PALMURE : Longues plumes de selle de coq teintes orange, chenillées sur toute la longueur du corps

AILES : Poils de queue de veau blancs

TÊTE : Noire

## L'oie–Zo

Tier | Monteur: Christian Carrier
Creator | Créateur: Christian Carrier

TAIL: White goose feather

BODY: White goose down

WING: White goose feather

HEAD: Black

QUEUE : Plumes d'oie blanche

CORPS : Duvet d'oie blanche

AILES : Plumes d'oie blanche

TÊTE : Noire

## La Dulcinée

Tier | Monteur: Fernand Grenier
Creator | Créateur: Fernand Grenier

TAIL: White calf tail with four strands of chartreuse Krystal Flash in the middle

BODY: White deer body hair, spun and clipped into a cigar shape

HACKLE: Two white saddle hackles, palmered forward

WING: White calf tail and four strands of chartreuse Krystal Flash, single wing, sloped forward over the hook eye

HEAD: White

QUEUE : Poils de queue de veau blancs, avec 6 brins de « Krystal Flash » chartreuse au centre

CORPS : Poils de corps de chevreuil blancs, tournés, tassés et coupés en forme de cigare

PALMURE : Deux plumes de selle de coq blanches, chenillées sur toute la longueur du corps

AILES : Poils de queue de veau blancs, avec 6 brins de « Krystal Flash » chartreuse, aile simple montée au-dessus de l'œil de l'hameçon

TÊTE : Blanche

## La Pantoufle

Tier | Monteur: Fernand Grenier
Creator unknown | Créateur inconnu

TAIL: Brown calf tail

BODY: Mixed yellow-, orange-, olive-, black-, blue-, and red-dyed deer body hair, spun and clipped into a cone shape

HACKLE: One brown saddle hackle, palmered forward

WING: Brown calf tail, divided and extending over the hook eye

COLLAR HACKLE: Two brown saddle hackles, attached and tied around the wing

HEAD: White

QUEUE : Poils de queue de veau bruns

CORPS : Poils de corps de chevreuil teints jaunes, orange, olive, noirs, bleus, rouges, tournés, tassés et coupés en forme de cône

PALMURE : Une plume de selle de coq brune, chenillée sur toute la longueur du corps

AILES : Poils de queue de veau bruns, divisés en deux parties égales pour former un « V » de 45° d'ouverture

COLLERETTE : Deux plumes de selle de coq brunes, attachées par la tige et montées autour de l'aile

TÊTE : Blanche

## La Patrimoine

Tier | Monteur: Fernand Grenier
Creator | Créateur: Daniel Bolduc

TAIL: White calf tail with four strands of chartreuse Krystal Flash in the middle

BODY: White deer body hair, spun and clipped into a cone shape

HACKLE: A lime-green-dyed saddle hackle, palmered forward

WING: White calf tail with three or four strands of blue pearl Krystal Flash, divided and extending over the hook eye

COLLAR HACKLE: Two Blue Doctor–dyed saddle hackles, attached and tied around the wing

HEAD: White

QUEUE : Poils de queue de veau blancs, avec quelques brins de « Krystal Flash » chartreuse

CORPS : Poils de corps de chevreuil blancs, tournés, tassés et coupés en forme de cône

PALMURE : Une plume de selle de coq teinte vert lime, chenillée sur toute la longueur du corps

AILES : Poils de queue de veau blancs, avec quelques brins de « Krystal Flash » bleu perle, divisés en deux parties égales pour former un « V » de 45° d'ouverture

COLLERETTE : Deux plumes de selle de coq teintes « Blue Doctor »

TÊTE : Blanche

## Labatt Blue/Green Butt

Tier | Monteur: Christian Carrier
Creator unknown | Créateur inconnu

TAIL: White calf tail

BUTT: Fluorescent green–dyed deer body hair, spun and clipped

BODY: Blue-dyed deer body hair, spun and clipped into a cone shape

HACKLE: One brown saddle hackle, palmered forward

WING: White calf tail, divided and extending over the hook eye

COLLAR HACKLE: Two brown saddle hackles, palmered around the wing

HEAD: Black

QUEUE : Poils de queue de veau blancs

CUL : Poils de corps de chevreuil teints vert fluorescent, tournés, tassés et coupés

CORPS : Poils de chevreuil teints bleus, tournés, tassés et coupés en forme de cône

PALMURE : Une plume de selle de coq brune, chenillée sur toute la longueur du corps

AILES : Poils de queue de veau blancs, divisés en deux parties égales pour former un « V » de 45° d'ouverture

COLLERETTE : Deux plumes de selle de coq brunes, attachées par la tige et montées autour des ailes

TÊTE : Noire

## Lunchtime Bee

Tier | Monteur: Christopher Sinclair
Creator | Créateur: Christopher Sinclair

TAIL: Blond moose hair

BODY: Deer belly hair, spun and clipped into a cigar shape in two colours, alternating black, yellow, black, yellow, and black

HACKLE: Silver badger saddle hackle, palmered forward

WING: Blond moose hair

HEAD: Black

QUEUE : Poils d'orignal blonds

CORPS : Poils de corps de chevreuil en alternance noirs, jaunes, noirs, jaunes et noirs, tournés, tassés et coupés en forme de cigare

PALMURE : Plumes de selle de coq « silver badger », chenillées sur toute la longueur du corps

AILES : Poils d'orignal blonds

TÊTE : Noire

## Orange Steelhead Bee Bomber

Tier | Monteur: Christopher Sinclair
Creator | Créateur: Christopher Sinclair

TAIL: Dark deer body hair
BODY: Deer belly hair, spun and clipped into a cone shape in two colours, alternating brown, orange, and brown
HACKLE: One furnace saddle hackle, palmered forward
WING: Dark deer body hair, divided and extending over the hook eye
COLLAR HACKLE: Two furnace saddle hackles, attached and tied around the wing
HEAD: Black

QUEUE : Poils foncés de corps de chevreuil
CORPS : Poils de corps de chevreuil en alternance bruns, orange et bruns, tournés, tassés et coupés en forme de cône
PALMURE : Une plume de selle de coq brun fournaise, chenillée sur toute la longueur du corps
AILES : Poils foncés de corps de chevreuil, divisés en deux parties égales pour former un « V » de 45° d'ouverture
COLLERETTE : Deux plumes de selle de coq brun fournaise, attachées par la tige et montées autour des ailes
TÊTE : Noire

## Raymond Special

Tier | Monteur: Jacques Héroux
Creator | Créateur: Jean-Pierre Raymond

TAIL: White calf tail
BUTT: Chartreuse-dyed deer body hair, spun and clipped loose (not packed)
BODY: Peach-dyed deer body hair, spun and clipped loose (not packed)
HACKLE: Two very long brown saddle hackles, palmered forward three or four turns
WING: White calf tail, divided and extending over the hook eye
HEAD: Black

QUEUE : Poils de queue de veau blancs
CUL : Poils de corps de chevreuil teints chartreuse, tournés, non tassés et coupés en forme de cigare
CORPS : Poils de corps de chevreuil teints pêche orangé, tournés, non tassés et coupés en forme de cigare
PALMURE : Deux très longues plumes de selle de coq brunes, chenillées trois ou quatre tours sur toute la longueur du corps
AILES : Poils de queue de veau blancs, divisés en deux parties égales pour former un « V » de 45° d'ouverture
TÊTE : Noire

## Soleil Couchant

Tier | Monteur: Christian Carrier
Creator | Créateur: Christian Carrier

TAIL: Mixed white- and orange-dyed calf tail with pearl Krystal Flash

BODY: Yellow-, orange-, and black-dyed deer body hair, spun and clipped in alternance into a cone shape

HACKLE: One badger saddle hackle, palmered forward

WING: White calf tail, divided and extending over the hook eye

COLLAR HACKLE: Two badger saddle hackles, palmered around the wing

HEAD: Black

QUEUE : Poils de corps de queue de veau teints blancs et orange, mélangés à des brins de « Krystal Flash » perle

CORPS : Poils de corps de chevreuil teints jaunes, orange et noirs, tournés, tassés en alternance et coupés en forme de cône

PALMURE : Une plume de selle de coq « badger », chenillée sur toute la longueur du corps

AILES : Poils de queue de veau blancs, divisés en deux parties égales pour former un « V » de 45° d'ouverture

COLLERETTE : Deux plumes de selle de coq « badger », attachées par la tige et montées autour des ailes

TÊTE : Noire

## Three Sisters

Tier | Monteur: Christian Carrier
Creator | Créateur: Christian Carrier

TAIL: White calf tail

BUTT: Pink-dyed deer body hair, spun and clipped

BODY: A mixture of black- and pink-dyed deer body hair, spun and clipped into a cone shape

HACKLE: One black saddle hackle, palmered forward

WING: White calf tail, divided and extending over the hook eye

COLLAR HACKLE: Two black saddle hackles, palmered around the wing

HEAD: Black

QUEUE : Poils de queue de veau blancs

CUL : Poils de corps de chevreuil teints roses, tournés, tassés et coupés

CORPS : Mélange de poils de corps de chevreuil teints noirs et roses, tournés, tassés et coupés en forme de cigare

PALMURE : Une plume de selle de coq noire, chenillée sur toute la longueur du corps

AILES : Poils de queue de veau blancs, divisés en deux parties égales pour former un « V » de 45° d'ouverture

COLLERETTE : Deux plumes de selle de coq noires, attachées par la tige et montées autour des ailes

TÊTE : Noire

## Three Sisters 2.0

Tier | Monteur: Christian Carrier
Creator | Créateur: Christian Carrier

TAIL: White calf tail

BUTT: Fluorescent yellow–dyed deer body hair, spun and clipped

BODY: Mix of black- and fluorescent yellow–dyed deer body hair, spun and clipped into a cone shape

HACKLE: One black saddle hackle, palmered forward

WING: White calf tail, divided and extending over the hook eye

COLLAR HACKLE: Two black saddle hackles, palmered around the wing

HEAD: Black

QUEUE : Poils de queue de veau blancs

CUL : Poils de corps de chevreuil teints jaune fluorescent

CORPS : Mélange de poils de corps de chevreuil teints noirs et jaune fluorescent, tournés, tassés et coupés en forme de cigare

PALMURE : Une plume de selle de coq noire, chenillée sur toute la longueur du corps

AILES : Poils de queue de veau blancs, divisés en deux parties égales pour former un « V » de 45° d'ouverture

COLLERETTE : Deux plumes de selle de coq noires, attachées par la tige et montées autour des ailes

TÊTE : Noire

## Three Sisters 3.0

Tier | Monteur: Christian Carrier
Creator | Créateur: Christian Carrier

TAIL: White calf tail

BUTT: Fluorescent green–dyed deer body hair, spun and clipped

BODY: Mix of black- and fluorescent green–dyed deer body hair, spun and clipped into a cone shape

HACKLE: One black saddle hackle, palmered forward

WING: White calf tail, divided and extending over the hook eye

COLLAR HACKLE: Two black saddle hackles, palmered around the wing

HEAD: Black

QUEUE : Poils de queue de veau blancs

CUL : Poils de corps de chevreuil teints vert fluorescent, tournés, tassés et coupés

CORPS : Mélange de poils de corps de chevreuil teints noirs et vert fluorescent, tournés, tassés et coupés en forme de cigare

PALMURE : Une plume de selle de coq noire, chenillée sur toute la longueur du corps

AILES : Poils de queue de veau blancs, divisés en deux parties égales pour former un « V » de 45° d'ouverture

COLLERETTE : Deux plumes de selle de coq noires, attachées par la tige et montées autour des ailes

TÊTE : Noire

### Three Sisters 4.0

Tier | Monteur: Christian Carrier
Creator | Créateur: Christian Carrier

TAIL: White calf tail

BUTT: Fluorescent orange–dyed deer body hair, spun and clipped

BODY: Mix of black- and fluorescent orange–dyed deer body hair, spun and clipped into a cone shape

HACKLE: One black saddle hackle, palmered forward

WING: White calf tail, divided and extending over the hook eye

COLLAR HACKLE: Two black saddle hackles, palmered around the wing

HEAD: Black

QUEUE : Poils de queue de veau blancs

CUL : Poils de corps de chevreuil teints orange fluorescent, tournés, tassés et coupés

CORPS : Mélange de poils de corps de chevreuil teints noirs et orange fluorescent, tournés, tassés et coupés en forme de cigare

PALMURE : Une plume de selle de coq noire, chenillée sur toute la longueur du corps

AILES : Poils de queue de veau blancs, divisés en deux parties égales pour former un « V » de 45° d'ouverture

COLLERETTE : Deux plumes de selle de coq noires, attachées par la tige et montées autour des ailes

TÊTE : Noire

### Wulff/Dark Brown Body

Tier | Monteur: Christian Carrier
Creator | Créateur: Christian Carrier

TAIL: White calf tail

BODY: Dark-brown wool

WING: White calf tail, divided and extending over the hook eye

COLLAR HACKLE: Two badger saddle hackles, tied around the wing

HEAD: Black

QUEUE : Poils de queue de veau blancs

CORPS : Laine brun foncé

AILES : Poils de queue de veau blancs, divisés en deux parties égales pour former un « V » de 45° d'ouverture

COLLERETTE : Deux plumes de selle de coq « badger », montées autour de l'aile

TÊTE : Noire

### Wulff/Dark Olive Body

Tier | Monteur: Christian Carrier
Creator | Créateur: Christian Carrier

TAIL: Dark-olive-dyed calf tail

BODY: Dark-olive wool

WING: Dark-olive–dyed calf tail, divided and extending over the hook eye

COLLAR HACKLE: Two badger saddle hackles, tied around the wing

HEAD: Black

QUEUE : Poils de queue de veau teints olive foncé

CORPS : Laine olive foncé

AILES : Poils de queue de veau teints olive foncé, divisés en deux parties égales pour former un « V » de 45° d'ouverture

COLLERETTE : Deux plumes de selle de coq « badger », montées autour de l'aile

TÊTE : Noire

## Wulff/Golden Brown Body

Tier | Monteur: Christian Carrier
Creator | Créateur: Christian Carrier

TAIL: White calf tail

BODY: Golden-brown wool

WING: White calf tail, divided and extending over the hook eye

COLLAR HACKLE: Two brown saddle hackles, tied around the wing

HEAD: Black

QUEUE : Poils de queue de veau blancs

CORPS : Lalne « Golden Brown »

AILES : Poils de queue de veau blancs, divisés en deux parties égales pour former un « V » de 45° d'ouverture

COLLERETTE : Deux plumes de selle de coq brunes, montées autour de l'aile

TÊTE : Noire

## Wulff/Grey Body/Brown Hackle

Tier | Monteur: Christian Carrier
Creator | Créateur: Christian Carrier

TAIL: Brown calf tail

BODY: Grey wool

HACKLE: Two brown saddle hackles, tied around the wing

WING: Brown calf tail, divided and extending over the hook eye

HEAD: Black

QUEUE : Poils de queue de veau bruns

CORPS : Laine grise

PALMURE : Deux plumes de selle de coq brunes, montées autour de l'aile

AILES : Poils de queue de veau bruns, divisés en deux parties égales pour former un « V » de 45° d'ouverture

TÊTE : Noire

## Wulff/Light Cahill Body/Black Rib

Tier | Monteur: Christian Carrier
Creator | Créateur: Christian Carrier

TAIL: White calf tail

RIB: Oval black tinsel

BODY: Light Cahill wool

WING: White calf tail, divided and extending over the hook eye

COLLAR HACKLE: Two badger saddle hackles, tied around the wing

HEAD: Black

QUEUE : Poils de queue de veau blancs

CÔTES : Laminette ovale noire

CORPS : Laine « Light Cahill »

AILES : Poils de queue de veau blancs, divisés en deux parties égales pour former un « V » de 45° d'ouverture

COLLERETTE : Deux plumes de selle de coq « badger », montées autour de l'aile

TÊTE : Noire

## Wulff/Light Grey Body/Silver Rib

Tier | Monteur: Christian Carrier
Creator | Créateur: Christian Carrier

TAIL: White calf tail
RIB: Oval silver tinsel
BODY: Grey wool
HACKLE: Two grey saddle hackles, tied around the wing
WING: White calf tail, divided and extending over the hook eye
HEAD: Black

QUEUE : Poils de queue de veau blancs
CÔTES : Laminette ovale argentée
CORPS : Laine grise
PALMURE : Deux plumes de selle de coq grises, montées autour de l'aile
AILES : Poils de queue de veau blancs, divisés en deux parties égales pour former un « V » de 45° d'ouverture
TÊTE : Noire

## Wulff/Orange Body

Tier | Monteur: Christian Carrier
Creator | Créateur: Christian Carrier

TAIL: White calf tail
BODY: Orange wool
WING: White calf tail, divided and extending over the hook eye
COLLAR HACKLE: Two brown saddle hackles, tied around the wing
HEAD: Black

QUEUE : Poils de queue de veau blancs
CORPS : Laine orange
AILES : Poils de queue de veau blancs, divisés en deux parties égales pour former un « V » de 45° d'ouverture
COLLERETTE : Deux plumes de selle de coq brunes, montées autour de l'aile
TÊTE : Noire

## Wulff Royal

Tier | Monteur: Christian Carrier
Creator | Créateur: Lee Wulff

TAIL: Natural bucktail
BODY: A butt of peacock herl, followed by a section of red floss and another butt of peacock herl
WING: White calf tail, divided and extending over the hook eye
COLLAR HACKLE: Two brown saddle hackles, tied around the wing
HEAD: Black

QUEUE : Poils de queue de chevreuil naturels
CORPS : Un bout en fibres de paon, suivi d'une petite section de soie floche rouge et d'un autre bout en fibres de paon
AILES : Poils de queue de veau blancs, divisés en deux parties égales pour former un « V » de 45° d'ouverture
COLLERETTE : Deux plumes de selle de coq brunes, montées autour de l'aile
TÊTE : Noire

## Wulff/Sea-Green Body/Black Rib

Tier | Monteur: Christian Carrier
Creator | Créateur: Christian Carrier

TAIL: White calf tail
RIB: Oval black tinsel
BODY: Sea-green wool
HACKLE: Two badger saddle hackles, tied around the wing
WING: White calf tail, divided and extending over the hook eye
HEAD: Black

QUEUE : Poils de queue de veau blancs
CÔTES : Laminette ovale noire
CORPS : Laine vert marin
PALMURE : Deux plumes de selle de coq « badger », montées autour de l'aile
AILES : Poils de queue de veau blancs, divisés en deux parties égales pour former un « V » de 45° d'ouverture
TÊTE : Noire

## Wulff White

Tier | Monteur: Christian Carrier
Creator | Créateur: Lee Wulff

TAIL: White calf tail
BODY: White wool
WING: White calf tail, divided and extending over the hook eye
COLLAR HACKLE: Two badger saddle hackles, tied around the wing
HEAD: Black

QUEUE : Poils de queue de veau blancs
CORPS : Laine blanche
AILES : Poils de queue de veau blancs, divisés en deux parties égales pour former un « V » de 45° d'ouverture
COLLERETTE : Deux plumes de selle de coq « badger », montées autour de l'aile
TÊTE : Noire

## Wulff Yellow

Tier | Monteur: Todd Kennedy
Creator unknown | Créateur inconnu

TAIL: Natural deer body hair
BODY: Yellow floss
WING: Natural deer body hair, divided and extending over the hook eye
COLLAR HACKLE: Two brown and grizzly saddle hackles, tied around the wing
HEAD: Black

QUEUE : Poils de corps de chevreuil naturels
CORPS : Soie floche jaune
AILES : Poils de corps de chevreuil naturels, divisés en deux parties égales pour former un « V »
COLLERETTE : Deux plumes de selle de coq de couleur brune et grizzly, montées autour de l'aile de 45° d'ouverture
TÊTE : Noire

## Wulff/Yellow Body/Brown Rib

Tier | Monteur: Christian Carrier
Creator | Créateur: Christian Carrier

TAIL: White calf tail

RIB: Oval brown tinsel

BODY: Yellow wool

HACKLE: Two badger saddle hackles, tied around the wing

WING: White calf tail, divided and extending over the
   hook eye

HEAD: Black

QUEUE : Poils de queue de veau blancs

CÔTES : Laminette ovale brune

CORPS : Laine jaune

PALMURE : Deux plumes de selle de coq « badger »,
   montées autour de l'aile

AILES : Poils de queue de veau blancs, divisés en deux
   parties égales pour former un « V » de 45° d'ouverture

TÊTE : Noire

# Spey Flies

Spey flies are a whole new category for this volume, but they are no less important. This style of fly originated in northeast Scotland during the late 1700s, specifically on the banks of the River Spey, and the flies are usually tied with very long schlappen hackles, heron feathers, or similar substitutes. The hooks on these flies are also a little different. They are longer than average and, originally, tiers would use DEE-type hooks: that is, hooks with a long shank and a kind of hump on the back of the fly.

Historically, the Spey had wings tied with feathers such as those from the flanks of a mallard duck or the feathers of wild turkeys. Today, almost all the materials used to tie wings are used tying Spey flies. A final feature of a Spey fly is the small head of the fly.

As with the other categories here, there are a large number of patterns available in books and it is also possible to create your own Spey fly patterns.

All Spey flies in this category are tied on Ahrex HR410 hooks, size #1/0.

# Les mouches Spey

Une toute nouvelle catégorie, mais non la moindre. Les mouches Spey ont pris naissance vers la fin des années 1700 dans le nord-est de l'Écosse, plus précisément aux abords de la rivière Spey. Les Spey sont habituellement montées avec de longues plumes de *schlappen*, de héron ou des plumes substituts similaires. Les hameçons sont aussi un peu différents. Ils sont plus longs et, à l'origine, les monteurs utilisaient des hameçons de type « DEE », c'est-à-dire des hameçons avec une longue hampe et un genre de bosse sur le dos de la mouche. Auparavant, les Spey avaient des ailes montées avec les plumes comme des flancs de canard colvert ou des plumes de dindes sauvages. Aujourd'hui, presque tous les matériaux servant à monter des ailes sont utilisés dans le montage des Spey. Une dernière caractéristique d'une mouche Spey est la petite tête discrète de la mouche.

Comme dans les autres catégories, il existe un grand nombre de patrons existants dans les livres et il est aussi possible de créer ses propres modèles de mouches Spey.

Toutes les mouches Spey de cette section ont été montées sur des hameçons Ahrex HR410, de grandeur #1/0.

## Adrénaline

Tier | Monteur: Éric Tremblay
Creator | Créateur: Éric Tremblay

TAG: Embossed silver tinsel

TAIL: Fluorescent green H2O Fluoro Fibre

RIB: One strand of Black Peacock Quill Subs followed by a small embossed silver tinsel and another strand of Black Peacock Quill Subs

BODY: Flat braid fluorescent green tinsel

WING: Four strands of pearl Krystal Flash followed by grey fox guard hairs

COLLAR HACKLE: Long black heron feather or substitute, followed by a chartreuse-dyed silver pheasant feather

CHEEKS: Jungle cock

HFAD: Black

FERRET : Laminette ovale argentée gaufrée fine

QUEUE : Fluoro Fibre H2O vert fluorescent

CÔTES : Un brin de « Quill Subs Black Peacock », suivi d'une lame argentée gaufrée fine et suivie d'un autre brin de « Quill Subs Black Peacock »

CORPS : Lame tressée vert fluorescent

AILES : Quatre brins de « Krystal Flash » perle, suivis d'une pincée de poils de dos de renard gris

COLLERETTE : Longue plume de héron ou substitut, suivie d'une plume de faisan argenté teinte chartreuse

JOUES : Coq de Sonnerat

TÊTE : Noire

## Aurora Borealis | Aurore boréale

Tier | Monteur: Rénald Dufour
Creator | Créateur: Rénald Dufour

TAG: Small oval silver tinsel

TIP: Flat pearl tinsel

TAIL: Peacock swords

RIB: Oval silver tinsel

BODY: Rear third: pink floss; two-thirds forward: peacock herls

WING: Lime-green Krystal Flash covered by fluorescent blue–dyed bucktail with peacock herls on top

COLLAR HACKLE: One long black heron feather or substitute, followed by a blue-dyed guinea fowl feather

CHEEKS: Jungle cock

HEAD: Black

FERRET : Laminette ovale argentée fine

CUL : Lame perle

QUEUE : Fibres de sabres de paon

CÔTES : Laminette ovale argentée fine

CORPS : Deux segments : arrière (1/3), soie floche rose; avant (2/3), fibres de paon

AILES : Brins de « Krystal Flash » lime, suivis de poils de queue de chevreuil teints bleus et de quelques brins de fibres de paon

COLLERETTE : Longue plume de héron ou substitut, suivie par une plume de pintade teinte bleue

JOUES : Coq de Sonnerat

TÊTE : Noire

## Black Ghost Variant

Tier | Monteur: Éric Tremblay
Creator unknown | Créateur inconnu (variant by | variante de
Éric Tremblay)

TAG: Fine oval silver tinsel
TAIL: Fluorescent yellow H2O Fluoro Fibre
RIB: Flat embossed silver tinsel
BODY: Black wool
WING: White arctic fox
COLLAR HACKLE: Long black heron feather or substitute,
  covered by a yellow-dyed hen neck feather
CHEEKS: Jungle cock
HEAD: Black

FERRET : Laminette ovale argentée fine
QUEUE : Fluoro Fibre H20 jaune fluorescent
CÔTES : Lame gaufrée argentée fine
CORPS : Laine noire
AILES : Poils de renard arctique blancs
COLLERETTE : Longue plume de héron noire ou substitut,
  suivie d'une plume de cou de poule teinte jaune
JOUES : Coq de Sonnerat
TÊTE : Noire

## Black Ice Muddspey | Muddspey glace noire

Tier | Monteur: Rénald Dufour
Creator | Créateur: Rénald Dufour

TAG: Fine oval silver tinsel
TIP: Chartreuse mini flat braid
TAIL: Peacock swords
BODY: Black and white ghost body braid
WING: Blue Tinsel Flash in underwing, American grey fox
  guard hair in wing topped with pearl Krystal Flash
COLLAR HACKLE: Long black heron or substitute in the
  rear; mixed blue- and black-dyed deer body hair, spun
  and clipped to form a head and collar
HEAD: Black

FERRET : Laminette ovale argentée fine
CUL : Tresse plate mini chartreuse
QUEUE : Fibres de sabres de paon
CORPS : « Ghost Body Braid » noir et blanc
AILES : « Tinsel Flash » bleu, suivi de poils de dos de
  renard gris américain et de brins de « Krystal Flash »
  perle sur le dessus
COLLERETTE : Deux segments : arrière, longue plume de
  héron ou de substitut; avant, poils de corps de chevreuil
  teints bleus et noirs, mélangés, tournés, tassés et coupés
  pour former une tête et une collerette
TÊTE : Noire

## Blue Charm Spey

Tier | Monteuse: Lyne Trudeau
Creator | Créateur: Daniel Duval

TAG: Fine oval silver tinsel

TIP: Yellow Antron wool

TAIL: Yellow Antron wool folded over the tip to form the tail

BUTT: Black ostrich herl

RIB: Medium oval silver tinsel

BODY: Black floss

THROAT: Blue hackle

WING: Grey squirrel tail

COLLAR HACKLE: Long black heron feather or long pheasant feather

TOPPING: Two sections of bronze mallard, tied down and splayed to form a "V"

CHEEKS: Jungle cock

HEAD: Black

FERRET : Laminette ovale argentée fine

CUL : Laine « Antron » jaune

QUEUE : Laine « Antron » jaune repliée pour former la queue

FRAISE : Plume d'autruche noire

CÔTES : Laminette ovale argentée médium

CORPS : Soie floche noire

GORGE : Bleue

AILES : Pincée de poils de queue d'écureuil gris

COLLERETTE : Une longue plume de héron noire ou de faisan à collier noire

COIFFE : Deux sections de canard colvert bronze montées en « V »

JOUES : Coq de Sonnerat

TÊTE : Noire

## Blue Doctor 2.0

Tier | Monteur: Éric Tremblay
Creator unknown | Créateur inconnu (variant by | variante de Éric Tremblay)

TAG: Fine oval silver tinsel

TIP: Yellow floss

TAIL: Golden pheasant crest

BUTT: Red wool or red ostrich herl

RIB: Fine oval silver tinsel

BODY: Light-powder-blue floss

WING: Red-dyed Temple Dog, over which is yellow- and blue-dyed Temple Dog

COLLAR HACKLE: Long blue heron feather or substitute, over which is a teal feather

CHEEKS: Jungle cock

HEAD: Red thread or red wool

FERRET : Laminette ovale argentée fine

CUL : Soie floche jaune

QUEUE : Crête de faisan doré

FRAISE : Laine rouge ou plume d'autruche teinte rouge

CÔTES : Laminette ovale argentée fine

CORPS : Soie floche bleu poudre

AILES : « Temple Dog » teint rouge, suivi de jaune et de bleu

COLLERETTE : Longue plume de héron teinte bleue ou substitut, suivie d'une plume de flanc de sarcelle

JOUES : Coq de Sonnerat

TÊTE : Fil rouge ou laine rouge

## Blue Eyes

Tier | Monteur: Éric Tremblay
Creator | Créateur: Éric Tremblay

TAG: Fine oval silver tinsel

TAIL: Teal feather

RIB: Two segments: rear third: one strand of Black Peacock Quill Subs; front two-thirds: fine oval silver tinsel

BODY: Flat braid tinsel followed by peacock herl

WING: Four strands of blue Krystal Flash followed by grey fox guard hairs

COLLAR HACKLE: Long black heron feather or substitute, over which is a dark-blue-dyed hen neck feather

CHEEKS: Jungle cock

HEAD: Black

FERRET : Laminette ovale argentée fine

QUEUE : Plume de sarcelle

CÔTES : Deux segments : arrière (1/3), un brin de « Quill Subs Black Peacock »; avant (2/3), laminette ovale argentée fine

CORPS : Lame tressée bleue, suivie de fibres de paon

AILES : Quatre brins de « Krystal Flash » bleus, suivis de poils de dos de renard gris

COLLERETTE : Longue plume de héron noire ou substitut, suivie d'une plume de cou de poule teinte bleu foncé

JOUES : Coq de Sonnerat

TÊTE : Noire

## Chrysto Blue | Chrysto bleu

Tier | Monteur: Rénald Dufour
Creator | Créateur: Rénald Dufour

TAG: Small oval silver tinsel

TAIL: Blue pearl Krystal Flash strands

RIB: Oval silver tinsel

BODY: Three equal body sections on blue holographic flat tinsel: in front of the two rear sections are a top and bottom veiling composed of blue pearl Krystal Flash, with black ostrich fibre rolled three turns as a collar in front

WING: Blue pearl Krystal Flash topped with black squirrel tail hair

COLLAR HACKLE: Long black heron or substitute, followed by a black hen or saddle hackle

CHEEKS: Piece of medium to large blue holographic flat tinsel

HEAD: Blue

FERRET : Laminette ovale argentée fine

QUEUE : Brins de « Krystal Flash » bleu perle

CÔTES : Laminette ovale argentée fine

CORPS : Trois segments égaux composés de lame holographique bleue. Devant les deux premiers segments, un voile en haut et en bas composé de brins de « Krystal Flash » bleus, suivis de trois tours d'une fibre d'autruche noire à l'avant

AILES : Brins de « Krystal Flash » bleu perle sous des poils de queue d'écureuil noirs

COLLERETTE : Longue plume de héron ou substitut, suivie d'une plume de selle de coq ou de poule teinte noire

JOUES : Une lame holographique bleu médium

TÊTE : Bleue

## Chrysto Copper | Chrysto cuivrée
Tier | Monteur: Rénald Dufour
Creator | Créateur: Rénald Dufour

TAG: Small copper oval tinsel

TAIL: Copper Krystal Flash strands

RIB: Copper oval tinsel

BODY: Three equal body sections on copper flat tinsel: in front of the two rear sections is a top and bottom veiling composed of copper Krystal Flash, with black ostrich fibre rolled with three turns in front as a collar

WING: Copper Krystal Flash topped with black squirrel tail hair

COLLAR HACKLE: Long black heron or substitute, followed by a black hen or saddle hackle

CHEEKS: Piece of medium to large copper flat tinsel

HEAD: Red

FERRET : Laminette ovale cuivrée fine

QUEUE : Brins de « Krystal Flash » cuivrés

CÔTES : Laminette ovale cuivrée fine

CORPS : Trois segments égaux composés de lame cuivrée. Devant les deux premiers segments : un voile en haut et en bas composé de brins de « Krystal Flash » cuivrés, suivis de trois tours d'une fibre d'autruche noire à l'avant

AILES : Brins de « Krystal Flash » cuivrés, suivis de poils de queue d'écureuil noirs

COLLERETTE : Longue plume de héron ou substitut, suivie d'une plume de selle de coq ou de poule teinte noire

JOUES : Lame cuivrée médium

TÊTE : Rouge

## Chrysto Green | Chrysto verte
Tier | Monteur: Rénald Dufour
Creator | Créateur: Rénald Dufour

TAG: Small oval silver tinsel

TAIL: Chartreuse Krystal Flash strands

RIB: Oval silver tinsel

BODY: Three equal sections of green holographic flat tinsel: in front of the two rear sections is a top and bottom veiling composed of chartreuse Krystal Flash, with black ostrich fibre rolled with three turns in front as a collar

WING: Chartreuse Krystal Flash topped with black squirrel tail hair

COLLAR HACKLE: Long black heron or substitute, followed by a black hen or saddle hackle

CHEEKS: Piece of medium chartreuse flat tinsel

HEAD: Green

FERRET : Laminette ovale argentée fine

QUEUE : Brins de « Krystal Flash » chartreuse

CÔTES : Laminette ovale argentée fine

CORPS : Trois segments égaux composés de lame holographique verte. Devant les deux premiers segments : un voile en haut et en bas composé de brins de « Krystal Flash » chartreuse, suivis de trois tours de fibres d'autruche noires à l'avant

AILES : Brins de « Krystal Flash » chartreuse, suivis de poils de queue d'écureuil noirs

COLLERETTE : Longue plume de héron ou de substitut, suivie d'une plume de selle de poule ou de coq teinte noire

JOUES : Lame chartreuse médium

TÊTE : Verte

## Colburn 2.0

Tier | Monteur: Éric Tremblay
Creator | Créateur: Walter O. Colburn (variant by | variante de Éric Tremblay)

TAIL: Forest-green H2O Fluoro Fibre

BODY: Fluorescent green flat braid tinsel with a butt of black ostrich herl in the centre

WING: Four strands of pearl UV Krystal Flash, followed by green-dyed opossum hairs

COLLAR HACKLE: Long black heron feather or substitute, over which is a yellow-dyed hen hackle

CHEEKS: Jungle cock

HEAD: Black

QUEUE : Fluoro Fibre H20 vert forêt

CORPS : Lame tressée vert fluorescent avec une barbe de plume d'autruche noire au centre

AILES : Quatre brins de « Krystal Flash » UV perle en sous-aile, suivis d'une pincée d'opossum teinte vert

COLLERETTE : Longue plume de héron noire ou substitut, suivie d'une plume de cou de poule teinte jaune

JOUES : Coq de Sonnerat

TÊTE : Noire

## Copper Rat Variant

Tier | Monteur: Rénald Dufour
Creator unknown | Créateur inconnu (variant by | variante de Rénald Dufour)

TAG: Small oval silver tinsel

TAIL: Red-dyed golden pheasant crest

RIB: Oval silver tinsel

BODY: Rear half: copper embossed flat tinsel; front half: peacock herl

VEILING: A loose strand of brown braid Axxel or copper Krystal Flash fibres from centre of body

WING: American grey fox guard hairs

COLLAR HACKLE: Long black heron or substitute, followed by a grizzly hen hackle

CHEEKS: Jungle cock

HEAD: Red

FERRET : Laminette ovale argentée fine

QUEUE : Crête de faisan doré teinte rouge

CÔTES : Laminette ovale argentée fine

CORPS : Deux segments : arrière, lame cuivrée; avant, fibres de paon

VOILE : Brins de « Axxel Brown Braid » ou brins de « Krystal Flash » cuivrés à partir du centre

AILES : Poils de dos de renard gris américain

COLLERETTE : Longue plume de héron, suivie par une plume de selle de coq grizzly

JOUES : Coq de Sonnerat

TÊTE : Rouge

## Golden Fire

Tier | Monteur: Éric Tremblay
Creator | Créateur: Éric Tremblay

TAG: Fine oval silver tinsel

BUTT: Flat braid fluorescent green tinsel followed by a fluorescent red floss

RIB: Fine oval silver tinsel

BODY: Flat gold tinsel

WING: Fire-dyed fine racoon hair with one strand of Peacock Black Krinkle Mirror Flash on each side

COLLAR HACKLE: Long black heron feather or substitute, over which is a teal feather

CHEEKS: Jungle cock

HEAD: Black

FERRET : Laminette ovale argentée fine

CUL : Petite lame tressée vert fluorescent, suivie de soie floche rouge fluorescent

CÔTES : Laminette ovale argentée fine

CORPS : Lame dorée

AILES : Pincée de poils de raton laveur finlandais couleur feu et un brin de « Krinkel Mirror Flash Peacock Black » de chaque côté de l'aile

COLLERETTE : Longue plume de héron noire ou substitut, suivie d'une plume de flanc de sarcelle

JOUES : Coq de Sonnerat

TÊTE : Noire

## Golden Green Spey

Tier | Monteur: Rénald Dufour
Creator | Créateur: Rénald Dufour

TAG: Small chartreuse wire or chartreuse-coloured oval silver tinsel coloured with Sharpie marker

BODY: Rear third: green holographic flat tinsel; two-thirds forward: peacock herl

WING: White turkey or goose feathers

COLLAR HACKLE: Fluorescent green–dyed bucktail distributed around the hook with a chartreuse-dyed silver badger hen or saddle feather

HEAD: White

FERRET : Petit fil de fer chartreuse ou laminette ovale argentée fine colorée chartreuse avec un marqueur permanent

CORPS : Deux segments : arrière (1/3), lame holographique verte; avant (2/3), fibres de paon

AILES : Plumes de dinde ou d'oie blanche

COLLERETTE : Poils de queue de chevreuil teints vert fluorescent montés autour de la hampe, suivis d'une plume de selle de poule ou de coq teinte chartreuse

TÊTE : Blanche

## Green Butt Spey

Tier | Monteuse: Lyne Trudeau
Creator | Créateur: Marc LeBlanc

TAG: Fine oval silver tinsel

TIP: Fluorescent green floss

TAIL: Fluorescent green Antron wool, folded over the tip to form the tail

RIB: Round silver tinsel

BODY: Mixed olive and ice dubbing

WING: Yellow-dyed grey fox hair or squirrel tail over chartreuse Krystal Flash

COLLAR HACKLE: Green-dyed heron feather followed by a longer black heron feather

CHEEKS: Jungle cock

HEAD: Green

FERRET : Laminette ovale argentée fine

CUL : Soie floche vert fluorescent

QUEUE : Laine « Antron » couleur vert fluorescent repliée pour former la queue

CÔTES : Laminette ronde argentée

CORPS : Mélange de bourre de couleur olive et de « Ice Dubbing » olive

AILES : Poils de renard gris ou de queue d'écureuil teints jaunes sur du « Krystal Flash » chartreuse

COLLERETTE : Une plume teinte vert de héron, suivie d'une plus longue plume noire de héron

JOUES : Coq de Sonnerat

TÊTE : Verte

## Green Day

Tier | Monteur: Éric Tremblay
Creator | Créateur: Éric Tremblay

TAG: Flat silver tinsel

BUTT: Fluorescent red flat braid tinsel

TAIL: Long section of fluorescent green H2O Fluoro Fibre followed by a shorter section of fluorescent red H2O Fluoro Fibre

BODY: Fluorescent green flat braid tinsel

WING: Chartreuse-dyed arctic fox hair

COLLAR HACKLE: Long black heron feather or substitute, over which is a black hen hackle feather

CHEEKS: Jungle cock

HEAD: Black

FERRET : Lame argentée fine

CUL : Petite lame tressée rouge fluorescent

QUEUE : Longue section de Fluoro Fibre H20 vert fluorescent, suivie d'une plus courte section de Fluoro Fibre H20 rouge fluorescent

CORPS : Lame tressée vert fluorescent

AILES : Pincée de poils de renard arctique teints chartreuse

COLLERETTE : Longue plume de héron noire ou substitut, suivie d'une plume de cou de poule teinte noire

JOUES : Coq de Sonnerat

TÊTE : Noire

## Green Highlander Variant

Tier | Monteur: Éric Tremblay
Creator unknown | Créateur inconnu (variant by | variante de
Éric Tremblay)

TAG: Fine oval silver tinsel

TIP: Yellow floss

TAIL: Golden pheasant crest

BUTT: Black ostrich herl

RIB: Fine oval silver tinsel

BODY: Two segments: rear third: yellow floss; front two-thirds: Green Highlander floss

WING: Yellow-dyed arctic fox hairs, followed by the same but in orange and Green Highlander colours

COLLAR HACKLE: Long Green Highlander–dyed heron feather or substitute, over which is a yellow-dyed hen hackle feather

CHEEKS: Jungle cock

HEAD: Black

FERRET : Laminette ovale argentée fine

CUL : Soie floche jaune

QUEUE : Crête de faisan doré

FRAISE : Plume d'autruche noire

CÔTES : Laminette ovale argentée fine

CORPS : Deux segments : arrière (1/3), soie floche jaune; avant (2/3), soie floche teinte vert « Highlander »

AILES : Pincée de poils de renard arctique teints jaunes, suivie de poils similaires teints orange et vert « Highlander »

COLLERETTE : Longue plume de héron teinte vert « Highlander » ou substitut, suivie d'une plume de cou de poule teinte jaune

JOUES : Coq de Sonnerat

TÊTE : Noire

## Grey Heron

Tier | Monteur: Todd Kennedy
Creator unknown | Créateur inconnu

RIB: First segment: fine oval gold tinsel; second segment: fine oval silver tinsel side by side with small flat silver tinsel

HACKLE: Grey heron hackle or substitute

BODY: Two segments: rear third: yellow yarn; front two-thirds: black yarn

THROAT: Guinea fowl

WING: Bronze mallard

HEAD: Black

CÔTES : Laminette ovale dorée fine (premier segment), laminette ovale argentée fine (deuxième segment) et lame argentée

PALMURE : Plume de héron gris ou substitut

CORPS : Deux segments : arrière (1/3), laine jaune; avant (2/3), laine noire

GORGE : Pintade

AILES : Canard colvert bronzé

TÊTE : Noire

## Hornet Muddspey | Muddspey frelon

Tier | Monteur: Rénald Dufour
Creator | Créateur: Rénald Dufour

TAG: Fine oval silver tinsel

TIP: Yellow floss

TAIL: Golden pheasant crest

RIB: Embossed flat silver tinsel

BODY: Silver black Axxel braid

WING: White bucktail covered by white marabou fibres, topped with pearl Krystal Flash

COLLAR HACKLE: Long black heron or substitute in the rear; mixed black- and yellow-dyed deer body hair, spun and clipped to form a head and collar

HEAD: Black

FERRET : Laminette ovale argentée fine

CUL : Soie floche jaune

QUEUE : Crête de faisan doré

CÔTES : Petite lame gaufrée argentée

CORPS : Tresse « Axxel » noir argenté

AILES : Poils de queue de chevreuil blancs, suivis de plumes de marabout blanches et de brins de « Krystal Flash » perle

COLLERETTE : Longue plume de héron ou substitut, suivie de poils de corps de chevreuil teints noirs et jaunes, tournés, tassés et coupés pour former une collerette et une tête

TÊTE : Noire

## Hummingbird | La Colibri

Tier | Monteur: Rénald Dufour
Creator | Créateur: Rénald Dufour

TAG: Small oval silver tinsel

TIP: Red and green floss

TAIL: Peacock swords

RIB: Oval silver tinsel

BODY: Peacock herl

WING: Purple Krystal Flash, topped with red squirrel tail hair

COLLAR HACKLE: Long black heron or substitute in the rear; purple-dyed hen or saddle hackle feather in front

CHEEKS: Jungle cock

HEAD: Black

FERRET : Laminette ovale argentée fine

CUL : Soie floche rouge, suivis d'une soie floche verte

QUEUE : Fibres de sabres de paon

CÔTES : Laminette ovale argentée fine

CORPS : Fibres de paon

AILES : Brins de « Krystal Flash » mauves, suivis de poils de queue d'écureuil roux

COLLERETTE : Longue plume de héron ou substitut, suivie d'une plume de selle de poule ou de coq teinte mauve

JOUES : Coq de Sonnerat

TÊTE : Noire

## Hummingbird 2.0 | La Colibri 2.0
Tier | Monteur: Rénald Dufour
Creator | Créateur: Rénald Dufour

TAG: Small oval silver tinsel

TIP: Pearl holographic flat tinsel

TAIL: Peacock swords

RIB: Oval silver tinsel

BODY: Rear third: red holographic flat tinsel; two-thirds forward: peacock herl

WING: Purple-dyed bucktail topped with blue Krystal Flash, with purple-dyed fine racoon hair and a few peacock herls on top

COLLAR HACKLE: Long black heron or substitute, followed by a blue-dyed guinea hen feather

CHEEKS: Jungle cock

HEAD: Black

FERRET : Laminette ovale argentée fine

CUL : Lame holographique perle

QUEUE : Fibres de sabres de paon

CÔTES : Laminette ovale argentée fine

CORPS : Deux segments : arrière (1/3), lame holographique rouge; avant (2/3), fibres de paon

AILES : Poils de queue de chevreuil teints mauves, suivis de brins de « Krystal Flash » bleus, de poils de raton laveur teints mauves et de fibres de paon sur le dessus

COLLERETTE : Longue plume de héron ou de pintade teinte bleue

JOUES : Coq de Sonnerat

TÊTE : Noire

## Jock Scott Variant
Tier | Monteur: Éric Tremblay
Creator unknown | Créateur inconnu (variant by | variante de Éric Tremblay)

TAG: Fine oval silver tinsel

TIP: Yellow floss

TAIL: Golden pheasant crest with a few red-dyed feather over as a veiling

BUTT: Black ostrich herl

RIB: Fine oval silver tinsel

BODY: Two segments: rear third: yellow floss; front two-thirds: black floss

WING: Yellow-dyed arctic fox hair followed by red-, blue-, and black-dyed arctic fox hairs

COLLAR HACKLE: Long black heron feather or substitute, over which is a black hen hackle feather

THROAT: Guinea fowl

CHEEKS: Jungle cock

HEAD: Black

FERRET : Laminette ovale argentée fine

CUL : Soie floche jaune

QUEUE : Crête de faisan doré avec une pincée de plumes teintes rouge sur le dessus comme voile

FRAISE : Plume d'autruche noire

CÔTES : Laminette ovale argentée fine

CORPS : Deux segments : arrière (1/3), soie floche jaune; avant (2/3), soie floche noire

AILES : Pincée de poils de renard arctique teints jaunes, suivie de poils similaires rouges, bleus et noirs

COLLERETTE : Longue plume de héron noire ou substitut, suivie d'une plume de cou de poule noire

GORGE : Pintade naturelle

JOUES : Coq de Sonnerat

TÊTE : Noire

## Kanataut

Tier | Monteur: Éric Tremblay
Creator | Créateur: Éric Tremblay

TAG: Flat embossed gold tinsel

TIP: Fluorescent red H2O Fluoro Fibre

TAIL: Black floss

BUTT: Black Micro Fritz

RIB: One strand of Black Peacock Quill Subs followed by a fine embossed gold tinsel and another strand of Black Peacock Quill Subs

BODY: Mirage Orange flat tinsel

WING: Orange-dyed opossum hair with one strand of Peacock Black Krinkle Mirror Flash on each side

COLLAR HACKLE: Long black heron feather or substitute, over which is a black hen hackle feather

CHEEKS: Jungle cock

HEAD: Black

FERRET : Lame gaufrée dorée fine

CUL : Fluoro Fibre H20 rouge fluorescent

QUEUE : Soie floche noire

FRAISE : « Micro Fritz » noir

CÔTES : Un brin de « Quill Subs Black Peacock », suivi d'une lame dorée gaufrée fine et suivi d'un autre brin de « Quill Subs Black Peacock »

CORPS : Lame mirage orange

AILES : Pincée de poils d'opossum teints orange avec un brin de « Krinkel Mirror Flash Peacock Black » de chaque côté

COLLERETTE : Longue plume de héron noire ou substitut, suivie d'une plume de cou de poule teinte noire

JOUES : Coq de Sonnerat

TÊTE : Noire

## L'Octane

Tier | Monteur: Éric Tremblay
Creator | Créateur: Éric Tremblay

TAG: Fine flat embossed silver tinsel

TIP: Fluorescent red floss

TAIL: Fluorescent yellow H2O Fluoro Fibre

BUTT: Black ostrich herl

RIB: Black Peacock Quill Subs followed by a fine flat embossed silver tinsel

BODY: Fluorescent yellow flat braid tinsel

WING: Four strands of pearl UV Krystal Flash, over which are grey fox guard hairs

COLLAR HACKLE: Long black heron feather or substitute, over which is a yellow-dyed hen hackle feather

CHEEKS: Jungle cock

HEAD: Red

FERRET : Lame gaufrée argentée fine

CUL : Soie floche rouge fluorescent

QUEUE : Fluoro Fibre H20 jaune fluorescent

FRAISE : Plume d'autruche noire

CÔTES : « Quill Subs Black Peacock », suivi d'une lame argentée gaufrée fine

CORPS : Lame tressée jaune fluorescent

AILES : Quatre brins de « Krystal Flash » UV perle, suivis de poils de renard gris

COLLERETTE : Longue plume de héron noire ou substitut, suivie d'une plume de cou de poule teinte jaune

JOUES : Coq de Sonnerat

TÊTE : Rouge

## La Bilodeau Variante

Tier | Monteur: Éric Tremblay
Creator | Créateur: Gilles Aubert (variation by | variante de Éric Tremblay)

TAG: Fine oval gold tinsel

TAIL: Fluorescent orange H2O Fluoro Fibre

RIB: Fine oval gold tinsel

BODY: Two segments: rear third, yellow floss; front two-thirds: peacock herl

WING: Yellow-dyed Temple Dog

COLLAR HACKLE: Long black heron feather or substitute, over which is a red-dyed silver pheasant feather

CHEEKS: Jungle cock

HEAD: Red

FERRET : Laminette ovale dorée fine

QUEUE : Fluoro Fibre H20 orange fluorescent

CÔTES : Laminette ovale dorée fine

CORPS : Deux segments : arrière (1/3), soie floche jaune; avant (2/3), fibres de paon

AILES : « Temple Dog » jaune

COLLERETTE : Longue plume de héron noire ou substitut, suivie d'une plume de faisan argenté teinte rouge

JOUES : Coq de Sonnerat

TÊTE : Rouge

## La Blindée

Tier | Monteur: Éric Tremblay
Creator | Créateur: Éric Tremblay

TAG: Fine oval silver tinsel

TIP: Fluorescent red floss

TAIL: Golden pheasant crest

BUTT: Black ostrich herl

RIB: One strand of Black Peacock Quill Subs, followed by a small flat embossed silver tinsel and another strand of Black Peacock Quill Subs

BODY: Burnt-orange floss

WING: Sunburst-dyed opossum hair

COLLAR HACKLE: Long black heron feather or substitute, over which is a dark-blue-dyed silver pheasant feather

CHEEKS: Jungle cock

HEAD: Black

FERRET : Laminette ovale argentée fine

CUL : Soie floche rouge fluorescent

QUEUE : Crête de faisan doré

FRAISE : Plume d'autruche noire

CÔTES : Un brin de « Quill Subs Black Peacock », suivi d'une lame argentée gaufrée fine et suivi d'un autre brin de « Quill Subs Black Peacock »

CORPS : Soie floche orange brûlé

AILES : Pincée de poils d'opossum teints jaune orangé

COLLERETTE : Longue plume de héron noire ou substitut, suivie d'une plume de faisan argentée teinte bleu foncé

JOUES : Coq de Sonnerat

TÊTE : Noire

## La Bunker Variante

Tier | Monteur: Éric Tremblay
Creator | Créateur: Yannick Tremblay (variant by | variante de
Éric Tremblay)

TAG: Fine oval silver tinsel

BUTT: Fluorescent green small flat braid

TAIL: Fluorescent green H2O Fluoro Fibre

RIB: Fine oval silver tinsel

BODY: Black floss or wool

WING: White arctic fox hair followed by a few fibres of
pearl UV angel hair

COLLAR HACKLE: Long black heron feather or substitute,
over which is a blue-dyed hen hackle feather

CHEEKS: Jungle cock

HEAD: Black

FERRET : Laminette ovale argentée fine

CUL : Lame tressée vert fluorescent fine

QUEUE : Fluoro Fibre H20 vert fluorescent

CÔTES : Laminette ovale argentée fine

CORPS : Soie floche ou laine noire

AILES : Pincée de poils de renard arctique blancs, suivie de
quelques fibres de « angel hair » perle UV

COLLERETTE : Longue plume de héron noire ou substitut,
suivie d'une plume de cou de poule teinte bleue

JOUES : Coq de Sonnerat

TÊTE : Noire

## La Gobeil

Tier | Monteur: Éric Tremblay
Creator | Créateur: Éric Tremblay

TAG: Fluorescent yellow small oval wire

BUTT: Fluorescent yellow flat braid

TAIL: Fluorescent yellow H2O Fluoro Fibre

RIB: Fluorescent yellow small oval wire

BODY: Dark blue flat braid

WING: Yellow-dyed arctic fox hair

COLLAR HACKLE: Long black heron feather or substitute,
over which is a silver pheasant feather

CHEEKS: Jungle cock

HEAD: Black

FERRET : Fil ovale métallique jaune fluorescent fin

CUL : Lame tressée jaune fluorescent

QUEUE : Fluoro Fibre H20 jaune fluorescent

CÔTES : Fil ovale métallique jaune fluorescent fin

CORPS : Lame tressée bleu foncé

AILES : Pincée de poils de renard arctique teints jaunes

COLLERETTE : Longue plume de héron noire ou substitut,
suivie d'une plume de faisan argenté

JOUES : Coq de Sonnerat

TÊTE : Noire

## La Grinche

Tier | Monteur: Éric Tremblay
Creator | Créateur: Éric Tremblay

TAG: Small flat embossed gold tinsel
TAIL: Green-dyed golden pheasant crest
RIB: Small flat embossed gold tinsel
BODY: Dark-green floss
WING: Green Highlander–dyed arctic fox hair
COLLAR HACKLE: Long Green Highlander–dyed heron feather or substitute, over which is a green-dyed teal feather
CHEEKS: Jungle cock
HEAD: Green

FERRET : Lame gaufrée dorée fine
QUEUE : Crête de faisan doré teinte verte
CÔTES : Lame gaufrée dorée fine
CORPS : Soie floche vert foncé
AILES : Pincée de poils de renard arctique teints vert « Highlander »
COLLERETTE : Longue plume de héron teinte vert « Highlander » ou substitut, suivie d'une plume de sarcelle teinte verte
JOUES : Coq de Sonnerat
TÊTE : Verte

## La Guiner

Tier | Monteur: Éric Tremblay
Creator | Créateur: Éric Tremblay

TAG: Fine oval gold tinsel
TIP: Fluorescent green flat braid followed by fluorescent orange floss
TAIL: Chartreuse H2O Fluoro Fibre
BUTT: Black ostrich herl
BODY: Variegated Peacock flat braid
WING: Black-dyed arctic fox hair with one strand of Peacock Black Krinkle Mirror Flash on each side of the wing
COLLAR HACKLE: Long black heron feather, over which is a natural guinea fowl feather
CHEEKS: Jungle cock
HEAD: Black

FERRET : Laminette ovale dorée fine
CUL : Lame tressée vert fluorescent, suivie de soie floche orange fluorescent
QUEUE : Fluoro Fibre H2O chartreuse
FRAISE : Plume d'autruche noire
CORPS : Lame « Braid Variegated Peacock »
AILES : Pincée de poils de renard arctique teints noirs, suivie d'un brin de « Krinkel Mirror Flash Peacock Black » de chaque côté de l'aile
COLLERETTE : Longue plume de héron noire ou substitut, suivie d'une plume de pintade
JOUES : Coq de Sonnerat
TÊTE : Noire

## La Kobe

Tier | Monteur: Éric Tremblay
Creator | Créateur: Éric Tremblay

TAG: Fine oval silver tinsel
TIP: Violet holographic flat tinsel
TAIL: Golden pheasant crest
BUTT: Yellow-dyed ostrich herl
RIB: Fine violet holographic flat tinsel
BODY: Pearl flat braid tinsel
WING: Violet-dyed arctic fox hair
COLLAR HACKLE: Long black heron feather or substitute, over which is a yellow-dyed silver pheasant feather
CHEEKS: Jungle cock
HEAD: Black

FERRET : Laminette ovale argentée fine
CUL : Lame holographique violet
QUEUE : Crête de faisan doré
FRAISE : Plume d'autruche teinte jaune
CÔTES : Lame holographique violet fine
CORPS : Lame tressée perle
AILES : Pincée de poils de renard arctique teints violets
COLLERETTE : Longue plume de héron noire ou substitut, suivie d'une plume de faisan argenté teinte jaune
JOUES : Coq de Sonnerat
TÊTE : Noire

## La Lélé

Tier | Monteur: Jacques Héroux
Creator | Créateur: Léa Mallais

TAG: Fine oval blue tinsel
RIB: Fine oval blue tinsel
BODY: Two equal segments: gold holographic flat tinsel, followed by peacock herl with a purple-dyed hackle, palmered forward
THROAT: Peacock neck feather
COLLAR HACKLE: Grey heron feather or substitute
WING: Short blue-dyed goose feathers
CHEEKS: Jungle cock
HEAD: Black

FERRET : Laminette ovale bleue fine
CÔTES : Laminette ovale bleue fine
CORPS : Deux segments égaux : lame holographique dorée, suivie de plumes de paon, avec une plume de selle de coq teinte mauve chenillée sur cette dernière partie seulement
GORGE : Plumes de cou de paon
COLLERETTE : Longue plume de héron grise ou substitut
AILES : Petites plumes d'oie teintes bleues
JOUES : Coq de Sonnerat
TÊTE : Noire

## La Mambo

Tier | Monteur: Jacques Héroux
Creator | Créateur: Michel Grenier

TAG: Fine oval gold tinsel

BUTT: Fluorescent green floss or chartreuse wool

TAIL: Fluorescent green or chartreuse floss

RIB: Fine oval gold tinsel

BODY: Black floss or wool

THROAT: Black Krystal Flash under Schlappen Kingfisher Blue hackle

UNDERWING: Black Krystal Flash under chartreuse-dyed opossum hair

COLLAR HACKLE: Black heron feather or substitute

WING: Black Temple Dog

COLLAR HACKLE: Black

CHEEKS: Jungle cock

HEAD: Black

FERRET : Laminette ovale dorée fine

CUL : Soie floche vert fluorescent ou laine chartreuse

QUEUE : Soie floche vert fluorescent ou chartreuse

CÔTES : Laminette ovale dorée fine

CORPS : Laine ou soie floche noire

GORGE : Brins de « Krystal Flash » noirs, suivis de fibres de « Schlappen Kingfisher Blue »

SOUS AILES : Brins de « Krystal Flash » noirs, suivis de poils d'opossum chartreuse

COLLERETTE : Plume de héron noire ou substitut

AILES : « Temple Dog » noir

COLLERETTE : Noire

JOUES : Coq de Sonnerat

TÊTE : Noire

## La Margy's

Tier | Monteur: Éric Tremblay
Creator | Créateur: Samuel Blackburn

TAG: Fine oval silver tinsel

TIP: Chartreuse floss

TAIL: A golden pheasant body feather, followed by peacock herl

BUTT: Black ostrich herl

RIB: Fine oval silver tinsel

BODY: Green holographic flat tinsel

THROAT: Long black heron feather or substitute, followed by peacock swords

WING: Bronze mallard

HEAD: Black

FERRET : Laminette ovale argentée fine

CUL : Soie floche chartreuse

QUEUE : Pincée de fibres de corps de faisan doré et fibres de paon

FRAISE : Plume d'autruche noire

CÔTES : Laminette ovale argentée fine

CORPS : Lame holographique verte

GORGE : Longue plume de héron noire ou substitut, suivie de fibres de sabres de paon

AILES : Canard colvert, couleur bronze

TÊTE : Noire

## La Maude

Tier | Monteur: Jacques Héroux
Creator | Créateur: Alex Mallais

TAG: Fine oval gold tinsel

TIP: Fluorescent green floss

TAIL: Peacock swords

BUTT: Blue-dyed ostrich herl

RIB: Medium oval forest-green tinsel

BODY: Two equal segments: rear: flat silver tinsel; front: peacock herl

HACKLE: Long, blue-dyed marabou feather

COLLAR HACKLE: Long, blue-dyed heron feather or substitute

THROAT: Blue-dyed guinea hen feather

WING: Peacock swords, followed by a pair of mallard flank feathers

CHEEKS: Jungle cock

HEAD: Black

FERRET : Laminette ovale dorée fine

CUL : Soie floche vert fluorescent

QUEUE : Fibres de sabres de paon

FRAISE : Plume d'autruche teinte bleue

CÔTES : Laminette ovale vert forêt médium

CORPS : Deux segments égaux : arrière, lame argentée; avant, fibres de plumes de paon

PALMURE : Longue plume de marabout teinte bleue

COLLERETTE : Longue plume de héron teinte bleu ou substitut

GORGE : Plume de pintade teinte bleue

AILES : Fibres de sabres de paon, suivies d'une paire de flancs de canard colvert ou de sarcelle

JOUES : Coq de Sonnerat

TÊTE : Noire

## La Melissa

Tier | Monteur: Éric Tremblay
Creator | Créateur: Éric Tremblay

TAG: Fine oval silver tinsel

TIP: Fluorescent green flat braid followed by a fluorescent red floss

TAIL: Violet H2O Fluoro Fibre

BUTT: Black ostrich herl

RIB: One strand of Black Peacock Quill Subs, followed by flat embossed silver tinsel and another strand of Black Peacock Quill Subs

BODY: Violet floss

WING: Fuchsia-dyed Temple Dog

COLLAR HACKLE: White heron feather, over which is a violet-dyed hen neck feather

CHEEKS: Jungle cock

HEAD: Fine cherry Micro Glint Nymph tinsel

FERRET : Laminette ovale argentée fine

CUL : Lame tressée vert fluorescent, suivie d'une soie floche rouge fluorescent

QUEUE : Fluoro Fibre H20 violet

FRAISE : Plume d'autruche noire

CÔTES : Un brin de « Quill Subs Black Peacock », suivi d'une lame argentée gaufrée fine et suivie d'un autre brin de « Quill Subs Black Peacock »

CORPS : Soie floche violet

AILES : « Temple Dog » fuchsia

COLLERETTE : Plume de héron blanche ou substitut, suivie d'une plume de cou de poule teinte violet

JOUES : Coq de Sonnerat

TÊTE : Laminette « Micro Glint » cerise

## La Munchies

Tier | Monteur: Jacques Héroux
Creator | Créateur: Alex Mallais

TAG: Medium oval forest-green tinsel

TIP: Fluorescent green floss

TAIL: Peacock swords

RIB: Medium oval forest-green tinsel

HACKLE: Long yellow-dyed marabou feather

BODY: Two equal segments: rear: flat gold tinsel; front: peacock herl

THROAT: Chartreuse- or fluorescent green–dyed guinea hen feather

WING: Pair of green-dyed turkey feathers

COLLAR HACKLE: Long blue- and black-dyed heron feather or substitute

CHEEKS: Jungle cock

HEAD: Black

FERRET : Laminette ovale vert forêt médium

CUL : Soie floche vert fluorescent

QUEUE : Fibres de sabres de paon

CÔTES : Laminette ovale vert forêt médium

PALMURE : Longue plume de marabout teinte jaune

CORPS : Deux segments égaux : arrière, lame dorée; avant, fibres de plumes de paon

GORGE : Plume de pintade teinte chartreuse ou vert fluorescent

AILES : Paire de plumes de dinde teints verts

COLLERETTE : Longue plume de héron teinte bleu et noir ou substitut

JOUES : Coq de Sonnerat

TÊTE : Noire

## Magog Smelt 2.0

Tier | Monteur: Éric Tremblay
Creator unknown | Créateur inconnu (variant by | variante de Éric Tremblay)

TAG: Fine oval silver tinsel

TAIL: Teal feather fibres

BODY: Silver holographic flat tinsel

WING: White-, yellow-, and purple-dyed arctic fox hairs

COLLAR HACKLE: Long grey heron feather or substitute, over which is a teal feather

CHEEKS: Jungle cock

HEAD: Black

FERRET : Laminette ovale argentée fine

QUEUE : Plume de flanc de sarcelle

CORPS : Lame holographique argentée

AILES : Pincée de poils de renard arctique teints blancs, jaunes et mauves

COLLERETTE : Longue plume de héron gris ou substitut, suivie d'une plume de flanc de sarcelle

JOUES : Coq de Sonnerat

TÊTE : Noire

## Mambrow 25

Tier | Monteur: Éric Tremblay
Creator | Créateur: Éric Tremblay

TAG: Fine oval silver tinsel
TAIL: Yellow H2O Fluoro Fibre, and on the top, a shorter section of red H2O Fluoro Fibre
BUTT: Black ostrich herl
BODY: Silver holographic flat braid tinsel
WING: Yellow-dyed arctic fox hair
COLLAR HACKLE: Long black heron feather or substitute, over which is a black hen hackle feather
CHEEKS: Jungle cock
HEAD: Black

FERRET : Laminette ovale argentée fine
QUEUE : Fluoro Fibre H20 jaune et sur le dessus du Fluoro Fibre H20 rouge plus court
FRAISE : Plume d'autruche noire
CORPS : Lame tressée holographique argentée
AILES : Pincée de poils de renard arctique teints jaunes
COLLERETTE : Longue plume de héron noire ou substitut, suivie d'une plume de cou de poule teinte noire
JOUES : Coq de Sonnerat
TÊTE : Noire

## Matante Spéciale

Tier | Monteur: Éric Tremblay
Creator | Créateur: Éric Tremblay

TAG: Fine oval gold tinsel
TAIL: Golden pheasant crest
BUTT: Yellow-dyed ostrich herl
RIB: Fine oval gold tinsel
BODY: Wine floss
WING: Black/pearl Midge Flash, over which is sunburst-dyed Temple Dog
COLLAR HACKLE: Long wine-dyed heron feather or substitute, over which is an orange-dyed pheasant feather
CHEEKS: Jungle cock
HEAD: Black

FERRET : Laminette ovale dorée fine
QUEUE : Plume de faisan doré
FRAISE : Plume d'autruche teinte jaune
CÔTES : Laminette ovale dorée fine
CORPS : Soie floche bordeaux
AILES : Pincée de « Midge Flash Black/Pearl », suivie de « Temple Dog » jaune orangé
COLLERETTE : Longue plume de héron teinte rouge vin ou substitut, suivie d'une plume de faisan teinte orange
JOUES : Coq de Sonnerat
TÊTE : Noire

## Monarque

Tier | Monteur: Éric Tremblay
Creator | Créateur: Éric Tremblay

TAG: Orange fine oval wire
BUTT: Fluorescent green flat braid tinsel, followed by fluorescent red flat braid tinsel
TAIL: Orange-dyed hen neck fibres
RIB: Fine Black Peacock Quill Subs
BODY: Orange flat tinsel
WING: Four strands of black Krystal Flash, over which are orange-dyed grey fox guard hairs
COLLAR HACKLE: Long black heron feather or substitute, over which is an orange-dyed hen hackle feather
CHEEKS: Jungle cock
HEAD: Black

FERRET : Fil ovale métallique orange fin
CUL : Lame tressée vert fluorescent, suivie d'une lame tressée rouge fluorescent
QUEUE : Fibres d'une plume de cou de poule teinte orange
CÔTES : « Quill Subs Black Peacock » fin
CORPS : Lame orange
AILES : Quatre brins de « Krystal Flash » noirs, suivis d'une pincée de poils de renard gris teints orange
COLLERETTE : Longue plume de héron noire ou substitut, suivie d'une plume de cou de poule teinte orange
JOUES : Coq de Sonnerat
TÊTE : Noire

## Muddspey Black Silver | Muddspey argent noire

Tier | Monteur: Rénald Dufour
Creator | Créateur: Rénald Dufour

TAG: Fine oval silver tinsel
TIP: Rear half: green floss; front half: Chinese red floss
TAIL: Peacock swords
RIB: Oval silver tinsel
BODY: Rear third: embossed silver tinsel; front two-thirds: peacock herl
WING: Black bucktail hair topped with fibres of Krystal Flash in mixed colours
COLLAR HACKLE: Long black heron or substitute in the rear; black-dyed deer body hair, spun and clipped to form a head and collar
HEAD: Black

FERRET : Laminette ovale argentée fine
CUL : Soie floche verte, suivie d'une soie floche rouge chinois
QUEUE : Fibres de sabres de paon
CÔTES : Laminette ovale argentée fine
CORPS : Deux segments : arrière (1/3), lame gaufrée argentée; avant (2/3), fibres de paon
AILES : Poils de queue de chevreuil teints noirs, suivis de brins de « Krystal Flash » perle
COLLERETTE : Longue plume de héron ou substitut, suivie de poils de corps de chevreuil teints noirs, tournés, tassés et coupés pour former une collerette et une tête
TÊTE : Noire

## Night Hawk 2.0
Tier | Monteur: Éric Tremblay
Creator unknown | Créateur inconnu

TAG: Fine oval silver tinsel

TIP: Fluorescent yellow flat braid tinsel followed by fluorescent red floss or wool

TAIL: Golden pheasant crest

RIB: Oval silver tinsel fine

BODY: Flat braid or flat silver tinsel

WING: Black-dyed arctic fox hairs

COLLAR HACKLE: Long black heron feather or substitute, followed by a blue-dyed guinea hen feather

CHEEKS: Jungle cock

HEAD: Red

FERRET : Laminette ovale argentée fine

CUL : Lame tressée jaune fluorescent, suivie d'une soie floche rouge fluorescent ou d'une laine rouge

QUEUE : Crête de faisan doré

CÔTES : Laminette ovale argentée fine

CORPS : Lame tressée holographique argentée ou lame argentée

AILES : Pincée de poils de renard arctique teints noirs

COLLERETTE : Longue plume de héron noire ou substitut, suivie d'une plume de poule de pintade teinte bleue

JOUES : Coq de Sonnerat

TÊTE : Rouge

## Orange and Black Heron
Tier | Monteur: Todd Kennedy
Creator | Créateur: Todd Kennedy

RIB: Flat silver tinsel, cross-wrapped with silver tinsel wire

HACKLE: Long black heron feather or substitute

BODY: Two segments: rear third: orange yarn; front two-thirds: black yarn

THROAT: Teal

WING: Bronze mallard

HEAD: Black

CÔTES : Lame argentée montée en croisé avec un fil ovale métallique argenté

PALMURE : Longue plume de héron noire ou substitut

CORPS : Deux segments : arrière (1/3), laine orange; avant (2/3), laine noire

GORGE : Sarcelle

AILES : Canard colvert bronzé

TÊTE : Noire

## Orange Blossom 2.0

Tier | Monteur: Éric Tremblay
Creator | Créateur: Carmelle Bigaouette (variant by | variante de Éric Tremblay)

TAG: Fine oval silver tinsel
TIP: Orange floss
TAIL: Golden pheasant crest
BUTT: Black ostrich herl
BODY: Flat embossed silver tinsel
WING: Sunburst-dyed Temple Dog
COLLAR HACKLE: Long yellow-dyed heron feather or substitute, over which is an orange-dyed hen hackle feather
CHEEKS: Jungle cock
HEAD: Black

FERRET : Laminette ovale argentée fine
CUL : Soie floche orange
QUEUE : Crête de faisan doré
FRAISE : Plume d'autruche noire
CORPS : Lame gaufrée argentée
AILES : « Temple Dog » jaune orangé
COLLERETTE : Longue plume de héron teinte jaune ou substitut, suivie d'une plume de cou de poule teinte orange
JOUES : Coq de Sonnerat
TÊTE : Noire

## Out to Lunch Variation

Tier | Monteuse: Lyne Trudeau
Creator | Créateur: Marc LeBlanc (variation by | variante de Lyne Trudeau)

TAG: Flat silver tinsel
TAIL: Peacock swords
RIB: Small flat green tinsel
BODY: Embossed silver tinsel
WING: Orange Krystal Flash under a few hairs of orange-dyed grey fox and an orange-dyed marabou feather
COLLAR HACKLE: A long orange-dyed heron feather, followed by a short black hackle or rooster tail
CHEEKS: Jungle cock
HEAD: Black

FERRET : Lame argentée
QUEUE : Fibres de sabres de paon
CÔTES : Petite lame verte
CORPS : Lame gaufrée argentée
AILES : « Krystal Flash » orange, sous une pincée de poils de renard teints orange et une plume de marabout teinte orange
COLLERETTE : Longue plume de héron teinte orange, suivie d'une courte plume de selle de coq noire ou « Rooster Tail »
JOUES : Coq de Sonnerat
TÊTE : Noire

## Picasse Blanche

Tier | Monteuse: Lyne Trudeau
Creator | Créatrice: Lyne Trudeau

| | |
|---|---|
| TAG: Fine oval silver tinsel | FERRET : Laminette ovale argentée fine |
| RIB: Medium oval silver tinsel | CÔTES : Laminette ovale argentée médium |
| BODY: Flat braid pearl tinsel | CORPS : Lame tressée perle |
| WING: White bucktail hair, followed by strands of pearl Krystal Flash | AILES : Poils de queue de chevreuil blancs, suivis de brins de « Krystal Flash » perle |
| COLLAR HACKLE: A long black heron feather, followed by a shorter silver pheasant feather | COLLERETTE : Une plume de héron noire, suivie d'une plume de faisan argenté moins longue |
| CHEEKS: Jungle cock | JOUES : Coq de Sonnerat |
| HEAD: Black | TÊTE : Noire |

## Pompier Variante

Tier | Monteur: Éric Tremblay
Creator | Créateur: Michel Beaudin (variant by | variante de Éric Tremblay)

| | |
|---|---|
| TAG: Fine oval gold tinsel | FERRET : Laminette ovale dorée fine |
| BUTT: Fluorescent green flat braid tinsel | CUL : Lame tressée vert fluorescent |
| TAIL: Chartreuse H2O Fluoro Fibre | QUEUE : Fluoro Fibre H20 chartreuse |
| RIB: Fine oval gold tinsel | CÔTES : Laminette ovale dorée fine |
| BODY: Black wool | CORPS : Laine noire |
| WING: Four strands of pearl UV Krystal Flash, followed by yellow-dyed arctic fox hairs | AILES : Quatre brins de « Krystal Flash » UV perle, suivis de poils de renard arctique teints jaunes |
| COLLAR HACKLE: Long black heron feather or substitute, over which is a Green Highlander–dyed silver pheasant feather | COLLERETTE : Longue plume de héron noire ou substitut, suivie d'une plume de faisan argenté teinte vert « Highlander » |
| CHEEKS: Jungle cock | JOUES : Coq de Sonnerat |
| HEAD: Red | TÊTE : Rouge |

## Pot-au-feu

Tier | Monteur: Éric Tremblay
Creator | Créateur: Éric Tremblay

TAG: Fine oval gold tinsel

BUTT: Fluorescent red floss

TAIL: Red H2O Fluoro Fibre with four strands of pearl UV Krystal Flash

BODY: Variegated red flat braid tinsel

WING: Red-dyed arctic fox hairs

COLLAR HACKLE: Long black heron feather or substitute, over which is a blue-dyed silver pheasant feather

CHEEKS: Jungle cock

HEAD: Red

FERRET : Laminette ovale dorée fine

CUL : Soie floche rouge fluorescent

QUEUE : Fluoro Fibre H20 rouge avec quatre brins de « Krystal Flash » UV perle

CORPS : Lame « Braid Variegated » rouge

AILES : Pincée de poils de renard arctique teints rouges

COLLERETTE : Longue plume de héron noire ou substitut, suivie d'une plume de faisan argenté teinte bleue

JOUES : Coq de Sonnerat

TÊTE : Rouge

## Rusty Rat 2.0

Tier | Monteur: Éric Tremblay
Creator | Créateur: Joseph-Clovis Arseneault (variant by | variante de Éric Tremblay)

TAG: Fine oval gold tinsel

TAIL: Peacock swords

RIB: Fine oval gold tinsel

BODY: Two equal parts: rear half: rusty-orange floss; front half: peacock herl

VEILING: A loose stand of rusty-orange floss from centre of body

WING: White opossum hairs

COLLAR HACKLE: Long grey heron feather or substitute, over which is a grizzly hen hackle feather

CHEEKS: Jungle cock

HEAD: Red

FERRET : Laminette ovale dorée fine

QUEUE : Fibres de sabres de paon

CÔTES : Laminette ovale dorée fine

CORPS : Soie floche orange rouille, suivie de fibres de paon

VOILE : Un brin de soie floche orange rouille à partir du centre

AILES : Poils d'opossum blancs

COLLERETTE : Longue plume de héron grise ou substitut, suivie d'une plume de cou de poule grizzly

JOUES : Coq de Sonnerat

TÊTE : Rouge

## Silver Doctor 2.0

Tier | Monteur: Éric Tremblay
Creator unknown | Créatcur inconnu (variant by | variante de
Éric Tremblay)

TAG: Fine oval silver tinsel

TIP: Yellow floss

TAIL: Golden pheasant crest

BUTT: Red-dyed ostrich herl

RIB: Fine oval silver tinsel

BODY: Flat embossed silver tinsel

WING: Red-dyed Temple Dog, over which is yellow- and
blue-dyed Temple Dog

COLLAR HACKLE: Long blue-dyed heron feather or
substitute, over which is a teal feather

CHEEKS: Jungle cock

HEAD: Red

FERRET : Laminette ovale argentée fine

CUL : Soie floche jaune

QUEUE : Crête de faisan doré

FRAISE : Plume d'autruche teinte rouge

CÔTES : Laminette ovale argentée fine

CORPS : Lame gaufrée argentée

AILES : « Temple Dog » rouge, suivi de jaune et de bleu

COLLERETTE : Longue plume de héron teinte bleue ou
substitut, suivie d'une plume de flanc de sarcelle

JOUES : Coq de Sonnerat

TÊTE : Rouge

## Silver Fire

Tier | Monteur: Éric Tremblay
Creator | Créateur: Éric Tremblay

TAG: Fine oval gold tinsel

BUTT: Yellow Fluoro Fritz

TAIL: Yellow H2O Fluoro Fibre

RIB: Fine oval gold tinsel

BODY: Flat silver tinsel

WING: Fire-dyed fine raccoon hairs

COLLAR HACKLE: Long black heron feather or substitute,
over which is a teal feather

CHEEKS: Jungle cock

HEAD: Black

FERRET : Laminette ovale dorée fine

CUL : Fluoro Fritz jaune

QUEUE : Fluoro Fibre H20 jaune

CÔTES : Laminette ovale dorée fine

CORPS : Lame argentée

AILES : Poils de raton laveur finlandais couleur feu

COLLERETTE : Longue plume de héron noire ou substitut,
suivie d'une plume de flanc de sarcelle

JOUES : Coq de Sonnerat

TÊTE : Noire

## Silver Rat/Green Butt

Tier | Monteur: Éric Tremblay
Creator | Créateur: Roy Angus Thompson (variant by | variante de Éric Tremblay)

| | |
|---|---|
| TAG: Fine oval gold tinsel | FERRET : Laminette ovale dorée fine |
| BUTT: Fluorescent green flat braid tinsel | CUL : Lame tressée vert fluorescent |
| TAIL: Fluorescent green H2O Fluoro Fibre | QUEUE : Fluoro Fibre H20 vert fluorescent |
| RIB: Fine oval gold tinsel | CÔTES : Laminette ovale dorée fine |
| BODY: Flat silver tinsel | CORPS : Lame argentée |
| WING: Four strands of pearl Krystal Flash followed by grey fox guard hairs | AILES : Quatre brins de « Krystal Flash » perle, suivis d'une pincée de poils de renard gris |
| COLLAR HACKLE: Long grey heron feather or substitute, over which is a grizzly hen hackle feather | COLLERETTE : Longue plume de héron grise ou substitut, suivie d'une plume de cou de poule grizzly |
| CHEEKS: Jungle cock | JOUES : Coq de Sonnerat |
| HFAD: Red | TÊTE : Rouge |

## Synergie Spey

Tier | Monteuse: Lyne Trudeau
Creator | Créatrice: Lyne Trudeau

| | |
|---|---|
| TAG: Fine oval silver tinsel | FERRET : Laminette ovale argentée fine |
| TIP: Red floss | CUL : Soie floche rouge |
| TAIL: Red-burgundy Axxel tinsel | QUEUE : Lame « Axxel » rouge bourgogne |
| BUTT: Black ostrich herl | FRAISE : Plume d'autruche noire |
| RIB: Fine oval silver tinsel followed by fine oval red tinsel | CÔTES : Laminette ovale argentée fine, suivie d'une laminette ovale rouge fine |
| BODY: Burgundy wool | CORPS : Laine bourgogne |
| THROAT: Red-burgundy-dyed feather | GORGE : Plume rouge bourgogne |
| WING: American grey fox hair with black tip or coyote hair with black tip | AILES : Poils de renard gris avec pointe noire ou poils de coyote avec pointe noire |
| COLLAR HACKLE: Black heron feather or substitute | COLLERETTE : Une plume de héron noire ou substitut |
| TOPPING: Two sections of bronze mallard, tied down and splayed to from a "V" | COIFFE : Deux sections de canard colvert bronze montées en « V » |
| CHEEKS: Jungle cock | JOUES : Coq de Sonnerat |
| HEAD: Black | TÊTE : Noire |

## Tiger Ghost Variant

Tier | Monteur: Éric Tremblay
Creator unknown | Créateur inconnu (variant by | variante de Éric Tremblay)

TAG: Fine oval gold tinsel

BUTT: Fluorescent green flat braid tinsel followed by a red floss

BODY: Black and white Guidebrod

WING: White arctic fox hairs over which is yellow-dyed Temple Dog, four strands of black Krystal Flash, and a small amount of black-dyed Temple Dog

COLLAR HACKLE: Long black heron feather or substitute, over which is a silver pheasant feather

CHEEKS: Jungle cock

HEAD: Black

FERRET : Laminette ovale dorée fine

CUL : Lame tressée vert fluorescent, suivie d'une soie floche rouge

CORPS : « Guidebrod » noir et blanc

AILES : Pincée de poils de renard arctique blancs, suivie de « Temple Dog » jaune et de quatre brins de « Krystal Flash » noirs, en terminant par une pincée de « Temple Dog » noir

COLLERETTE : Longue plume de héron noire ou substitut, suivie d'une plume de faisan argenté

JOUES : Coq de Sonnerat

TÊTE : Noire

## Titan

Tier | Monteur: Éric Tremblay
Creator | Créateur: Éric Tremblay

TAG: Flat embossed gold tinsel

TIP: Fluorescent red floss or flat braid tinsel

TAIL: Chartreuse H2O Fluoro Fibre

BUTT: Black ostrich herl

RIB: One strand of fine Black Peacock Quill Subs, followed by a fine flat embossed gold tinsel

BODY: Fluorescent green flat braid tinsel

WING: Four strands of pearl Krystal Flash, over which are grey fox guard hairs

COLLAR HACKLE: Long black heron feather or substitute, over which is a black hen hackle feather

CHEEKS: Jungle cock

HEAD: Black

FERRET : Lame gaufrée dorée

CUL : Soie floche ou lame tressée rouge fluorescent

QUEUE : Fluoro Fibre H20 chartreuse

FRAISE : Plume d'autruche noire

CÔTES : Un brin de « Quill Subs Black Peacock » fin, suivi d'une lame gaufrée dorée fine

CORPS : Lame tressée vert fluorescent

AILES : Quatre brins de « Krystal Flash » UV perle, suivis d'une pincée de poils de renard gris

COLLERETTE : Longue plume de héron noire ou substitut, suivie d'une plume de cou de poule noire

JOUES : Coq de Sonnerat

TÊTE : Noire

## Undertaker 2.0

Tier | Monteur: Éric Tremblay
Creator | Créateur: Warren Duncan (variant by | variante de
Éric Tremblay)

TAG: Fine oval gold tinsel

BUTT: Fluorescent green flat braid tinsel followed by
fluorescent red floss

RIB: Fine oval gold tinsel

BODY: Peacock flat braid tinsel

WING: Black Temple Dog with one strand of Peacock Black
Krinkle Mirror Flash on each side

COLLAR HACKLE: Long black heron feather or substitute,
over which is a black hen hackle feather

CHEEKS: Jungle cock

HEAD: Black

FERRET : Laminette ovale dorée fine

CUL : Lame tressée vert fluorescent, suivie d'une soie
floche rouge fluorescent

CÔTES : Laminette ovale dorée fine

CORPS : Lame tressée « Peacock »

AILES : « Temple Dog » noir, suivi d'un brin de « Krinkel
Mirror Flash Peacock Black » de chaque côté de l'aile

COLLERETTE : Longue plume de héron noire ou substitut,
suivie d'une plume de cou de poule noire

JOUES : Coq de Sonnerat

TÊTE : Noire

## Undertaker Blue

Tier | Monteur: Éric Tremblay
Creator | Créateur: Olivier Gignac

TAG: Fine flat embossed silver tinsel

BUTT: Fluorescent green flat braid tinsel followed by
fluorescent red floss

RIB: Fine flat embossed silver tinsel

BODY: Black floss

WING: Four strands of pearl Krystal Flash, over which are
grey fox guard hairs

COLLAR HACKLE: Long black heron feather or substitute,
over which is a blue-dyed silver pheasant feather

CHEEKS: Jungle cock

HEAD: Black

FERRET : Lame gaufrée argentée fine

CUL : Lame tressée vert fluorescent, suivie d'une soie
floche rouge fluorescent

CÔTES : Lame gaufrée argentée fine

CORPS : Soie floche noire

AILES : Quatre brins de « Krystal Flash » perle, suivis d'une
pincée de poils de renard gris

COLLERETTE : Longue plume de héron noire ou substitut,
suivie d'une plume de faisan argenté teinte bleue

JOUES : Coq de Sonnerat

TÊTE : Noire

## Yellowstone

Tier | Monteur: Éric Tremblay
Creator | Créateur: Éric Tremblay

TAG: Flat embossed gold tinsel

TIP: Yellow floss

TAIL: Golden pheasant crest

BUTT: Black ostrich herl

RIB: One strand of Black Peacock Quill Subs, followed by a flat embossed gold tinsel

BODY: Flat embossed silver tinsel

WING: Yellow-dyed arctic fox hairs

COLLAR HACKLE: Long black heron feather or substitute, over which is a yellow-dyed guinea fowl feather

CHEEKS: Jungle cock

HEAD: Black

FERRET : Lame gaufrée dorée

CUL : Soie floche jaune

QUEUE : Crête de faisan doré

FRAISE : Plume d'autruche noire

CÔTES : Un brin de « Quill Subs Black Peacock », suivi d'une lame gaufrée dorée

CORPS : Lame gaufrée argentée

AILES : Pincée de poils de renard arctique teints jaunes

COLLERETTE : Longue plume de héron noire ou substitut, suivie d'une plume de pintade teinte jaune

JOUES : Coq de Sonnerat

TÊTE : Noire

## Yéti

Tier | Monteur: Éric Tremblay
Creator | Créateur: Éric Tremblay

TAG: Fine oval gold tinsel

BUTT: Fluorescent green flat braid tinsel followed by fluorescent orange floss

RIB: Fine oval gold tinsel

BODY: Green flat braid tinsel

WING: Yellow-dyed arctic fox hairs with one strand of Peacock Black Krinkle Mirror Flash on each side

COLLAR HACKLE: Long blue-dyed eared pheasant or grey heron feather, over which is a blue-dyed silver pheasant feather

CHEEKS: Jungle cock

HEAD: Black

FERRET : Laminette ovale dorée fine

CUL : Lame tressée vert fluorescent, suivie d'une soie floche orange fluorescent

CÔTES : Laminette ovale dorée fine

CORPS : Lame tressée verte

AILES : Pincée de poils de renard arctique teints jaunes, avec un brin « Krinkel Black Peacock » de chaque côté

COLLERETTE : Longue plume de « Blue Eared Pheasant » ou plume de héron grise, suivie d'une plume de faisan argenté teinte bleue

JOUES : Coq de Sonnerat

TÊTE : Noire

# Streamers and Intruders

We decided to create a section comprised of two different types of salmon flies. Streamer-style flies were not created for Atlantic salmon fishing, nor were intruder flies, which were created primarily for steelhead fishing. However, both are now very popular on our salmon rivers.

Commonly known as bucktails, streamers are attractive and usually mimic small fish. Why do Atlantic salmon take streamer flies if they don't feed in rivers? In spring salmon fishing, which is commonly referred to as black salmon fishing, salmon feed mostly on smelt before returning to the sea. But they are attracted to streamer flies, with their vivid colours and lots of movement in the wings.

In my opinion, this is also the reason for the popularity of intruder flies. Because of the movement they make in the water, intruders provoke furious attacks by salmon. They are especially effective in high water and have the advantages of being large without using a big hook. Intruder flies are divided into three sections: a body, called a shank, followed by a wire and then a trailing hook that is specialized for this style of fly. Intruder flies also give fishers the ability to change hooks, depending on the water level, without changing the entire fly. There are several variations of intruder flies today like the leech, tandem, spey intruder, mini intruder, scanditruders, and tubes.

For the contemporary fly tier, these styles are easy to tie. Above all, they are interesting to work on, with a wide range of feather colours to choose from and different models to create: a world to exploit for all salmon fly tiers!

# Les *Streamers* et *Intruders*

Nous avons décidé de créer une section comprenant deux types différents de mouches à saumon. Tout comme les mouches de style *Streamers* qui n'ont pas été créées pour la pêche au saumon atlantique, les mouches *Intruders*, principalement conçues pour la pêche au steelhead, sont devenues très populaires sur nos rivières à saumon.

Communément appelées *Bucktail*, les *Streamers* sont des mouches très attrayantes et imitent habituellement de petits poissons. Pourquoi les saumons atlantiques attrapent-ils des mouches *Streamers* s'ils ne se nourrissent pas en rivière? Contrairement à la pêche au saumon de printemps, aussi appelée pêche au saumon noir, où les saumons se nourrissent surtout d'éperlans avant de retourner en mer, ceux-ci semblent attirés par les mouches *Streamers* avec leurs couleurs vives et beaucoup de mouvement dans les ailes.

Selon moi, c'est aussi la raison de la popularité des mouches *Intruders*. À cause du mouvement qu'elles font dans l'eau, les *Intruders* provoquent des attaques furieuses des saumons. Elles sont surtout efficaces en eau haute et elles ont notamment pour avantage de pouvoir pêcher avec de grosses mouches sans utiliser un gros hameçon. Les mouches de type *Intruders* sont divisées en trois sections : un corps appelé « tige » suivi d'un fil de fer et d'un hameçon spécialisé pour ce style de mouche. Les mouches *Intruders* permettent aussi de changer d'hameçon selon le niveau de l'eau sans changer toute la mouche. Dans la documentation sur le sujet, on retrouve aujourd'hui plusieurs variations de mouches *Intruders* comme les *Leech*, tandem, *Spey Intruders*, mini *Intruders*, les *Scanditruders* et les tubes.

Pour le monteur de mouche contemporain, ce sont des mouches faciles à monter et surtout intéressantes par la variété de couleurs de plumes et les différents modèles à créer. Un monde à exploiter pour tous les monteurs de mouches à saumon!

All streamer flies in this section were tied on Ahrex HR413, size #2 hooks. The intruder flies were tied on Ahrex HR482, size #6 trailing hooks, using Ahrex Predator Wire, test 26 lb.

Toutes les mouches *Streamers* de cette section ont été montées sur des hameçons de marque Ahrex HR413 de grandeur # 2 et les mouches *Intruders* sur des hameçons Ahrex HR482, de grandeur # 6 en utilisant du « Predator Wire », test 26 lb, toujours de marque Ahrex.

## Armand Pépin

Tier | Monteur: Jacques Héroux
Creator | Créateur: Armand Pépin

TAG: Fine oval silver tinsel
RIB: Fine oval silver tinsel
BODY: Flat silver tinsel
WING: Grey squirrel tail
HEAD: Spun white deer hair, clipped to form a head

FERRET : Laminette ovale argentée fine
CÔTES : Laminette ovale argentée médium
CORPS : Lame argentée
AILES : Poils d'écureuil gris
TÊTE : Poils de corps de chevreuil teints blancs, tournés, tassés et coupés pour former une tête

## Bernie's Comet

Tier | Monteur: Jacques Héroux
Creator | Créateur: Danny Ripley

TAG: Oval silver tinsel
TAIL: White polar bear hair with strands of silver Krystal Flash over top
RIB: Oval silver tinsel
BODY: Fluorescent white Antron wool
THROAT: White hackle
WING: White polar bear hair, followed by strands of silver Krystal Flash and fluorescent blue–dyed polar bear hair
HEAD: White

FERRET : Laminette ovale argentée fine
QUEUE : Poils blancs d'ours polaire, suivis de brins de « Krystal Flash » argentés
CÔTES : Laminette ovale argentée fine
CORPS : Laine « Antron » blanc fluorescent
GORGE : Blanche
AILES : Poils d'ours polaire blancs, suivis de « Krystal Flash » argenté et de poils d'ours polaire teints bleu fluorescent
TÊTE : Blanche

## Black Muddleech

Tier | Monteur: Rénald Dufour
Creator | Créateur: Rénald Dufour

TAG: Small oval silver tinsel
TIP: Chartreuse floss
RIB: Oval silver tinsel
BODY: Chartreuse holographic flat tinsel
WING: Black rabbit strip, secured along the body with oval silver tinsel using a Matuka wing-tying technique with one Krinkle Mirror Flash on each side
COLLAR HACKLE: Black-dyed deer body hair, spun and clipped to form a head and collar
HEAD: Black

FERRET : Laminette ovale argentée fine
CUL : Soie floche chartreuse
CÔTES : Laminette ovale argentée fine
CORPS : Lame holographique chartreuse
AILES : Bande de lapin teinte noire montée tout le long du corps en utilisant la technique des côtes d'une mouche style Matuka, avec une « Krinkle Mirror Flash » de chaque côté
COLLERETTE : Poils de corps de chevreuil teints noirs, tournés, tassés et coupés pour former une collerette et une tête
TÊTE : Noire

## Cascapédia

Tier | Monteur: Fernand Grenier
Creator | Créateur: Marc LeBlanc

TAG: Fine oval gold tinsel

TIP: Golden-yellow floss

TAIL: Golden pheasant crest, over which is a red-brown golden pheasant body feather

BUTT: Black ostrich herl

RIB: Fine oval gold tinsel

BODY: Embossed gold tinsel

THROAT: One red golden pheasant body feather

WING: Sparse orange-dyed bucktail, over which are one or two pairs of grizzly hackles

TOPPING: Golden pheasant crest

HEAD: Red

FERRET : Laminette ovale dorée fine

CUL : Soie floche jaune doré

QUEUE : Crête de faisan doré et plume de corps rouge de faisan doré

FRAISE : Plume d'autruche noire

CÔTES : Laminette ovale dorée fine

CORPS : Lame gaufrée dorée

GORGE : Plume de corps rouge de faisan doré

AILES : Quelques poils de queue de chevreuil teints orange sous une ou deux paires de selle de coq grizzly

COIFFE : Crête de faisan doré

JOUES : Plume de tétra avec le bout blanc, sous coq de Sonnerat (optionnel)

TÊTE : Rouge

## Chameleon

Tier | Monteur: Jacques Héroux
Creator | Créateur: Robert Rattray

TAG: Fine oval gold tinsel

RIB: Fine oval gold tinsel

BODY: Two equal segments: rear half: yellow floss; front half: black floss

THROAT: Red and yellow

WING: Pearl Krystal Flash over mixed black-, red-, and yellow-dyed bucktail

HEAD: Red

FERRET : Laminette ovale argentée fine

CÔTES : Laminette ovale argentée fine

CORPS : Soie floche jaune, suivie d'une soie floche noire

GORGE : Rouge et jaune

AILES : Mélange de poils de queue de chevreuil teints noirs, rouges et jaunes, suivis de brins de « Krystal Flash » perle

TÊTE : Rouge

## Criminelle

Tier | Monteur: Jacques Héroux
Creator | Créateur: Daniel Dufour

TAG: Fine oval silver tinsel
TAIL: Red-dyed hackle fibres
RIB: Fine oval silver tinsel
HACKLE: Black
BODY: Black wool
WING: Yellow-dyed bucktail over red-dyed bucktail
HEAD: Black

FERRET : Laminette ovale argentée fine
QUEUE : Plumes de selle de coq teintes rouges
CÔTES : Laminette ovale argentée fine
PALMURE : Noire
CORPS : Laine noire
AILES : Poils de queue de chevreuil teints jaunes, sous poils de queue de chevreuil teints rouges
TÊTE : Noire

## Dee Monkey

Tier | Monteur: Jacques Héroux
Creator unknown | Créateur inconnu

TAG: Fine oval silver tinsel
RIB: Fine oval silver tinsel
BODY: Flat pearl Mylar tinsel
THROAT: Yellow-dyed hackle
WING: A longer piece of black-dyed bucktail or black-dyed fox hairs over a small amount of yellow-dyed bucktail or yellow-dyed fox hairs, with two strands of pearl Krystal Flash or pearl Krinkle Mirror Flash on each side of the wing and finished with two strands of peacock herl
CHEEKS: Jungle cock
HEAD: Black

FERRET : Laminette ovale argentée fine
CÔTES : Laminette ovale argentée fine
CORPS : Lame Mylar perle
GORGE : Selle de coq jaune
AILES : Une petite portion de poils de queue de chevreuil ou de renard teints jaunes, sous une plus longue portion de poils de queue de chevreuil ou de renard teints noirs. Ajouter deux brins de « Krystal Flash » ou de « Krinkle Mirror Flash » perle sur les côtés de l'aile. Finir avec deux brins de fibres de paon
JOUES : Coq de Sonnerat
TÊTE : Noire

## Gee-Beau

Tier | Monteur: Jacques Héroux
Creator | Créateur: Charles Phair

TAG: Fine oval silver tinsel
TAIL: Red-dyed goose feathers
RIB: Medium oval silver tinsel
BODY: Flat silver tinsel
THROAT: Yellow-dyed hackle
WING: Four white goose feathers followed by a smaller red-dyed goose feather
CHEEKS: Jungle cock
HEAD: Black

FERRET : Laminette ovale argentée fine
QUEUE : Section de plumes d'oie teintes rouges
CÔTES : Laminette ovale argentée moyenne
CORPS : Lame argentée
GORGE :  Selle de coq jaune
AILES : Quatre plumes blanches de selle de coq, suivies d'une petite section de plumes d'oie teintes rouges
JOUES : Coq de Sonnerat
TÊTE : Noire

## Half Leech & Half Intruder

Tier | Monteur: Rénald Dufour
Creator | Créateur: Rénald Dufour

SHANK: 20 to 35 mm
RIB: Oval silver tinsel
BUTT: Chartreuse-dyed dubbing
BODY: Rear: black-dyed marabou feather as collar with dark-green boar bristles tied around the shank; middle: chartreuse synthetic chenille; front: green-dyed arctic fox with chartreuse Krystal Flash
COLLAR HACKLE: Black hen hackle
CHEEKS: Jungle cock
HEAD: Black
Note: This fly can also be tied in different colours: green, blue, Tiger Ghost, purple, or hot orange

TIGE : 20 à 35 mm
CÔTES : Laminette ovale argentée fine
CORPS : Trois segments : arrière, bourre chartreuse, suivie d'une plume de marabout tente noire comme collerette avec des poils verts de sanglier montés autour de la tige; milieu, chenille chartreuse avec une laminette ovale argentée comme côtes; avant, poils de renard arctique teints verts, suivis de brins de « Krystal Flash » chartreuse
COLLERETTE : Plume de selle de coq teinte noire
JOUES : Coq de Sonnerat
TÊTE : Noire
Note : Cette mouche peut être montée de différentes couleurs : vert, bleu, mauve, orange vif ou « Tiger Ghost »

## Hoh-Ver Spey Orange-Black

Tier | Monteur: Christopher Sinclair
Creator unknown | Créateur inconnu

BODY: Flat copper tinsel
UNDER WING: Black-dyed deer body hair spun and tips facing forward
WING: Two orange-dyed grizzly saddle hackle tips over many strands of copper Flashabou
COLLAR HACKLE: A short black hen hackle, followed by many long peach-dyed ostrich herls and smaller black-dyed marabou feathers
HEAD: Black

CORPS : Lame cuivrée
SOUS AILE : Poils de corps de chevreuil teints noirs tournés avec les pointes vers l'avant
AILES : Deux bouts de plume de selle de coq grizzly teintes orange sur plusieurs brins de « Flashabou » cuivré
COLLERETTE : Une petite plume noire, suivie par de longues plumes d'autruche teintes pêche et de petites plumes de marabout teintes noires
TÊTE : Noire

## Intruder/Black Leech

Tier | Monteur: Jacques Héroux
Creator unknown | Créateur inconnu

SHANK: 20 to 35 mm
BODY: Flat silver tinsel
WING: Five equal segments: strands of blue Krystal Flash;
  black-dyed marabou feather tied as a collar; purple-dyed
  marabou feather tied as a collar; pearl Krystal Flash; and
  a smaller red-dyed marabou feather tied as a collar
CHEEKS: Lady Amherst tail feather on each side
HEAD: Black

TIGE : 20 à 35 mm
CORPS : Lame argentée
AILES : Cinq segments égaux : brins de « Krystal Flash »
  bleus, plume de marabout teinte noire montée en
  collerette, plume de marabout teinte mauve montée en
  collerette, brins de « Krystal Flash » perle et une petite
  plume de marabout teinte rouge montée en collerette
JOUES : Plumes de queue de Lady Amherst de chaque côté
TÊTE : Noire

## Intruder/Chartreuse Leech

Tier | Monteur: Jacques Héroux
Creator unknown | Créateur inconnu

SHANK: 20 to 35 mm
BODY: Black floss
WING: Four segments: barred chartreuse-dyed marabou
  feather tied as a collar; strands of pearl Krystal Flash;
  purple-dyed marabou feather tied as a collar; and
  strands of rainbow Maxi Flash on each side
CHEEKS: Lady Amherst tail feather on each side
HEAD: Black

TIGE : 20 à 35 mm
CORPS : Soie floche noire
AILES : Quatre segments : plume de marabout teinte
  chartreuse montée en collerette, brins de « Krystal
  Flash » perle, plume de marabout teinte mauve montée
  en collerette et brins de « Maxiflash » arc-en-ciel de
  chaque côté
JOUES : Plumes de queue de Lady Amherst de chaque côté
TÊTE : Noire

## Intruder/Orange Leech

Tier | Monteur: Jacques Héroux
Creator unknown | Créateur inconnu

SHANK: 20 to 35 mm
BODY: Gold holographic flat tinsel
WING: Three segments: orange-dyed marabou feather
  tied as a collar; stands of pearl Krystal Flash; and a
  peach-dyed marabou feather tied as a collar
CHEEKS: A tip of grizzly saddle hackle on each side
HEAD: Red with a band of chartreuse

TIGE : 20 à 35 mm
CORPS : Lame holographique dorée
AILES : Trois segments : plume de marabout teinte orange
  montée en collerette, brins de « Krystal Flash » perle et
  plume de marabout teinte pêche montée en collerette
JOUES : Un bout de plume naturelle de selle de coq grizzly
  de chaque côté
TÊTE : Rouge avec une petite bande chartreuse

### Irritator

Tier | Monteur: Jacques Héroux
Creator | Créateur: Tran Quang Bâ

TAG: Fine oval silver tinsel
TAIL: Loop of large-diameter nylon, copper or brass wire
RIB: Fine oval silver tinsel
HACKLE: Black feather
BODY: Black wool
WING: Red squirrel tail, followed by black squirrel tail or bear hair
COLLAR HACKLE: White
HEAD: Black

FERRET : Laminette ovale argentée fine
QUEUE : Boucle de nylon de fort diamètre ou de fil de cuivre ou de laiton
CÔTES : Laminette ovale argentée fine
PALMURE : Noire
CORPS : Laine noire
AILES : Poils d'écureuil roux, suivis de poils d'écureuil ou d'ours noirs
COLLERETTE : Blanc
TÊTE : Noire

### La Roja Mickey Finn

Tier | Monteur: Jacques Héroux
Creator unknown | Créateur inconnu

TAG: Fine oval gold tinsel
RIB: Fine oval gold and red tinsel
BODY: Black floss or wool
WING: Three equal segments of bucktail hair, dyed red, yellow, and red
COLLAR HACKLE: Yellow-dyed hackle followed by a red-dyed hackle
HEAD: Black

FERRET : Laminette ovale dorée fine
CÔTES : Laminette ovale dorée et rouge fine
CORPS : Soie floche ou laine noire
AILES : Trois segments égaux de poils de queue de chevreuil : rouges, jaunes et rouges
COLLERETTE : Jaune et rouge
TÊTE : Noire

### La St-Laurent

Tier | Monteur: Jacques Héroux
Creator | Créateur: Roch St-Laurent

TAG: Medium oval silver tinsel
RIB: Medium oval silver tinsel
BODY: Flat silver tinsel
WING: Kelly green–dyed bucktail, over which is orange-dyed bucktail, over which is Kelly green–dyed bucktail
CHEEKS: Jungle cock
HEAD: Red or black

FERRET : Laminette ovale argentée médium
CÔTES : Laminette ovale argentée médium
CORPS : Lame argentée
AILES : Poils de queue de veau ou de chevreuil teints vert « Kelly », sous des poils de queue de veau ou de chevreuil teints orange et des poils de queue de veau ou de chevreuil teints vert « Kelly »
JOUES : Coq de Sonnerat
TÊTE : Rouge ou noire

## Madeleine

Tier | Monteur: Fernand Grenier
Creator | Créateur: Alain Beaulieu

TAG: Flat gold tinsel
TAIL: Orange-dyed hackle fibres
RIB: Small oval silver tinsel
BODY: Embossed flat gold tinsel
THROAT: Orange-dyed hackle fibres
WING: Black-dyed bucktail over four strands of Krystal
   Flash, which is on top of green-dyed bucktail
CHEEKS: Jungle cock
HEAD: Black

FERRET : Lame dorée
QUEUE : Fibres de selle de coq teintes orange
CÔTES : Laminette ovale argentée moyenne
CORPS : Lame gaufrée dorée
GORGE : Fibres de selle de coq teintes orange
AILES : Poils de queue de chevreuil teints verts, sous
   quatre brins de « Krystal Flash » verts, sous poils de
   queue de chevreuil teints noirs
JOUES : Coq de Sonnerat (optionnel)
TÊTE : Noire

## Marabou Leech

Tier | Monteur: Rénald Dufour
Creator unknown | Créateur inconnu

SHANK: 20 to 35 mm
RIB: Oval silver tinsel
BODY: Rear: a black-dyed marabou feather, installed as
   a collar around the shank with strands of black Krystal
   Flash; middle: black holographic flat tinsel; front: black-
   dyed marabou installed as a collar with strands of blue
   Flashabou mounted around it
HEAD: Black

TIGE : 20 à 35 mm
CÔTES : Laminette ovale argentée fine
CORPS : Trois segments : arrière, plume de marabout
   teinte noire montée comme une collerette autour de
   la tige avec des brins de « Krystal Flash » noirs; milieu,
   lame holographique noire avec une côte en laminette
   ovale argentée fine; avant, plume de marabout noire
   montée en collerette avec des brins de « Flashabou »
   bleus autour
TÊTE : Noire

## Maurice Gagné

Tier | Monteur: Jacques Héroux
Creator | Créateur: Maurice Gagné

TAG: Fine oval gold tinsel
TAIL: Red-dyed hackle fibres
RIB: Fine oval gold tinsel over one strand of brown floss
BODY: Yellow-ochre floss
WING: White bucktail covered by brown bucktail
COLLAR HACKLE: Brown feather or hackle
CHEEKS: Jungle cock
HEAD: Black

FERRET : Laminette ovale dorée fine
QUEUE : Plumes de selle de coq teintes rouge
CÔTES : Laminette ovale dorée fine sur une petite soie floche brune
CORPS : Soie floche jaune ocre
AILES : Poils de queue de chevreuil blancs, surmontés de poils de queue de chevreuil bruns
COLLERETTE : Brune
JOUES : Coq de Sonnerat
TÊTE : Noire

## Mickey Finn Muddler

Tier | Monteur: Rénald Dufour
Creator | Créateur: Rénald Dufour

TAG: Oval silver tinsel
RIB: Oval silver tinsel
BODY: Flat embossed silver tinsel
WING: Equal segments of dyed bucktail, yellow over red over yellow, with silver Krystal Flash fibres as topping
COLLAR HACKLE: Mixed yellow- and red-dyed deer body hair, spun and clipped to form a head and collar
HEAD: Black

FERRET : Laminette ovale argentée fine
CÔTES : Laminette ovale argentée fine
CORPS : Lame gaufrée argentée
AILES : Poils de queue de chevreuil rouges, suivis de jaunes et de brins de « Krystal Flash » argentés
COLLERETTE : Poils de corps de chevreuil teints jaunes et rouges, mélangés, tournés, tassés et coupés pour former une collerette et une tête
TÊTE : Noire

## Moose Original

Tier | Monteur: Fernand Grenier
Creator unknown | Créateur inconnu

TAIL: Golden pheasant crest
BODY: Flat silver tinsel
THROAT: Yellow-dyed hackle under bright-blue–dyed hackle
WING: Amber moose hair
HEAD: Black

QUEUE : Crête de faisan doré
CORPS : Lame argentée
GORGE : Fibres de selle de poule jaunes, sous fibres de selle de poule bleu brillant
AILES : Poil d'orignal de couleur ambre
TÊTE : Noire

## Orange Hoh Bo Spey Variant

Tier | Monteur: Rénald Dufour
Creator unknown | Créateur inconnu (variant by | variante de
Rénald Dufour)

SHANK: 20 to 35 mm

BUTT: Orange-dyed dubbing

REAR COLLAR: Orange-dyed silver pheasant feather

RIB: Oval silver tinsel

BODY: Orange synthetic chenille

COLLAR: Black marabou installed in front as a collar with
hot-orange Krystal Flash stands, mounted around with
orange-dyed silver pheasant tail fibres.

CHEEKS: Jungle cock, tied under body

HEAD: Black

Note:  This fly can also be tied in different colours: green,
blue, Tiger Ghost, purple, or hot orange

TIGE : 20 à 35 mm

CUL: Bourre orange

COLLERETTE ARRIÈRE: Plume de faisan argenté teinte
orange

CÔTES : Laminette ovale argentée fine

CORPS : Chenille orange

COLLERETTE : Une plume de marabout noire enroulée
comme collerette, puis des brins de « Krystal Flash »
orange vif montés autour avec des plumes teintes
orange de faisan argenté

JOUES : Coq de Sonnerat monté sous le corps

TÊTE : Noire

Note :  Cette mouche peut être montée de différentes
couleurs : vert, bleu, mauve, orange vif ou « Tiger Ghost »

## Rabbit Strip Leech

Tier | Monteur: Rénald Dufour
Creator unknown | Créateur inconnu

SHANK: 20 to 30 mm

TAIL: Rabbit strip (colour of your choice)

BODY: Rabbit strip, rolled around the shank

HEAD: Colour of your choice

TIGE : 20 à 35 mm

QUEUE : Bande de lapin (couleur de votre choix)

CORPS : Bande de lapin enroulée autour de la hampe de
l'hameçon

TÊTE : Couleur de votre choix

## Salmon Parr–Tacon

Tier | Monteur: Rénald Dufour
Creator | Créateur: Rénald Dufour

TAG: Small oval silver tinsel
TAIL: Krystal Flash in mixed colours
RIB: Oval silver tinsel
BODY: Mixed colours of Krystal Flash, twisted as a braid
THROAT: Mixed colours of Krystal Flash covered with olive-dyed bucktail and mixed black-, olive-, and dark-green-dyed bucktail, topped with peacock herl
WING: Tan-dyed bucktail
CHEEKS: Jungle cock, tied under the shank
HEAD: Black

FERRET : Laminette ovale argentée fine
QUEUE : Brins de « Krystal Flash » de différentes couleurs
CÔTES : Laminette ovale argentée fine
CORPS : Brins de « Krystal Flash » de différentes couleurs, enroulés comme une tresse
GORGE : Brins de « Krystal Flash » de différentes couleurs, sous des poils de queue de chevreuil teints olive et un mélange de poils de queue de chevreuil teints noirs, olive et vert foncé. Finir avec des fibres de paon
AILES : Poils de queue de chevreuil teints beiges
JOUES : Coq de Sonnerat monté sous la tige
TÊTE : Noire

## Sunset Intruder

Tier | Monteur: Rénald Dufour
Creator | Créateur: Rénald Dufour

SHANK: 20 to 35 mm
BUTT: Yellow-dyed dubbing, yellow-dyed arctic fox hairs with a few yellow- and red-dyed ostrich or rhea strands
RIB: Silver tinsel
BODY: Red holographic flat tinsel covered with pearl flat tinsel
COLLAR HACKLE: Orange-dyed arctic fox with orange-dyed ostrich or rhea strands in front, mixed with hot-orange Krystal Flash, and two hot-orange-dyed grizzly saddle hackles laid flat on each side of the shank
CHEEKS: Jungle cock, below the shank
HEAD: Red

TIGE : 20 à 35 mm
CORPS : Trois segments : arrière, bourre jaune en forme de boule, suivie de poils de renard arctique teints jaunes et de brins de plume d'autruche ou de rhea jaune et rouge; milieu, lame holographique rouge sous une lame perle et une laminette ovale argentée fine comme côtes; avant, poils de renard arctique teints orange avec des plumes d'autruche ou de rhea à l'avant mélangées avec des brins de « Krystal Flash » orange vif. Deux plumes de selle de coq teintes orange vif alignées de chaque côté du corps
JOUES : Coq de Sonnerat sous la tige
TÊTE : Rouge

# Wet Flies

What more can be said about wet flies for Atlantic salmon? There are thousands of models classified in several categories, such as hairwing flies, featherwing flies, shrimps, muddlers, tubes, and more.

Today, with the advent of new synthetic fly-tying materials, the contemporary fly tier can express themselves by designing flies that are increasingly elaborate and sophisticated. The tier can express themselves by tying an existing fly or improving a fly by adding their own touch. They can also create a brand-new fly based on existing materials and a specific theme, to frame, admire, or give as a gift. Salmon flies are true works of art!

All the wet flies in this category are tied on Ahrex HR414, size #2 hooks.

# Les mouches noyées

Que dire de plus sur les mouches noyées pour le saumon atlantique? Il existe des milliers de modèles classifiés dans plusieurs catégories, telles les mouches à poils, à plumes, les *Shrimps*, les *Muddlers*, les tubes, etc.

Aujourd'hui, avec la venue de nouveaux matériaux synthétiques de montage, le monteur de mouches contemporain peut s'exprimer et concevoir des mouches de plus en plus élaborées et sophistiquées. Les mouches à saumon sont de véritables œuvres d'art! Le monteur peut s'exprimer en montant une mouche existante, améliorer une mouche en y ajoutant sa propre touche ou en créant une toute nouvelle mouche à partir de matériaux existants, d'une thématique précise ou pour l'encadrer, l'admirer ou l'offrir en cadeau.

Toutes les mouches noyées de cette section ont été montées sur des hameçons Ahrex HR414, de grandeur #2.

## 79'er

Tier | Monteur: Christopher Sinclair
Creator | Créateur: Christopher Sinclair

TAG: Chartreuse holographic flat tinsel
TAIL: Golden pheasant crest
BODY: Black chenille
THROAT: Blue hackle
WING: Moose hair under royal-blue Krystal Flash and chartreuse Krystal Flash over top
HEAD: Black

FERRET : Lame holographique chartreuse
QUEUE : Crête de faisan doré
CORPS : Chenille noire
GORGE : Hackle bleu
AILES : Poils d'orignal sous du « Krystal Flash » bleu royal et quelques brins de « Krystal Flash » chartreuse sur le dessus
TÊTE : Noire

## Afternoon Delight

Tier | Monteur: Todd Kennedy
Creator | Créateur: Mike Crosby

TAG: Flat silver tinsel
TAIL: Golden pheasant crest
RIB: Fine oval silver tinsel
BODY: Two equal segments of flat silver tinsel and peacock herl, with a fluorescent green floss in the middle
WING: Yellow-dyed grey squirrel tail
COLLAR HACKLE: Yellow
HEAD: Black

FERRET : Lame argentée
QUEUE : Crête de faisan doré
CÔTES : Laminette ovale argentée fine
CORPS : Deux segments égaux : lame argentée et fibres de paon, divisés par une petite section de soie floche vert fluorescent au centre
AILES : Poils de queue d'écureuil gris teints jaunes
COLLERETTE : Jaune
TÊTE : Noire

## Ally's Shrimp Cascade Variant

Tier | Monteuse: Lyne Trudeau
Creator | Créateur: Alastair (Ally) Gowans (variant by | variante de Lyne Trudeau)

TAG: Fine oval silver tinsel
TAIL: Mixed orange- and yellow-dyed bucktail with a few strands of pearl Krystal Flash pearl
RIB: Medium oval silver tinsel
BODY: Two sections: rear three-quarters: flat silver tinsel; front quarter: black floss
WING: Black bear hair
COLLAR HACKLE: A yellow-dyed feather followed by an orange-dyed feather
HEAD: Black

FERRET : Laminette ovale argentée fine
QUEUE : Mélange de poils de queue de chevreuil teints orange et jaunes avec quelques brins de « Krystal Flash » perle
CÔTES : Laminette ovale argentée médium
CORPS : Deux segments : arrière (¾), lame argentée; avant (¼), soie floche noire
AILES : Poils d'ours noir
COLLERETTE : Plume teinte jaune, suivie d'une plume orange
TÊTE : Noire

## Almost

Tier | Monteur: Jacques Héroux
Creator unknown | Créateur inconnu

TAIL: Golden pheasant rump feather fibres
BODY: Black floss or wool
WING: Black bear hair
HEAD: Black

QUEUE : Pincée de plumes jaunes de corps de faisan doré
CORPS : Laine ou soie floche noire
AILES : Poils d'ours noir
TÊTE : Noire

## Apache Shrimp

Tier | Monteur: Todd Kennedy
Creator | Créateur: Albert Atkins

TAG: Fine oval silver tinsel
TAIL: Orange-dyed pheasant rump
RIB: Fine oval silver tinsel
BODY: Two equal segments of yellow and red floss, with a yellow-dyed hackle tied as a collar in the middle
COLLAR HACKLE: Red-dyed feather
HEAD: Black

FERRET : Laminette ovale argentée fine
QUEUE : Croupe de faisan teinte orange
CÔTES : Laminette ovale argentée fine
CORPS : Deux segments égaux : soie floche jaune et rouge avec une collerette teinte jaune au centre
COLLERETTE : Plume teinte rouge
TÊTE : Noire

## Aqua Marine Stone

Tier | Monteur: Rénald Dufour
Creator | Créateur: Rénald Dufour

TAG: Small oval silver tinsel
BUTT: Fluorescent green floss and red floss; a red-dyed golden pheasant crest
TAIL: Red-dyed golden pheasant crest
RIB: Oval silver tinsel
BODY: Black floss
WING: Aqua-dyed grey squirrel tail with peacock herl on top
COLLAR HACKLE: Aqua-dyed deer body hair, spun and clipped to form a head and collar
HEAD: Black

FERRET : Laminette ovale argentée fine
CUL : Soie floche vert fluorescent, suivie de soie floche rouge fluorescent
QUEUE : Crête de faisan doré teinte rouge
CÔTES : Laminette ovale argentée fine
CORPS : Soie floche noire
AILES : Poils de queue d'écureuil teints aqua, suivis de quelques fibres de sabres de paon
COLLERETTE : Poils de corps de chevreuil teints aqua, tournés, tassés et coupés pour former une petite tête et une collerette
TÊTE : Noire

## Aquataker

Tier | Monteur: Jacques Héroux
Creator unknown | Créateur inconnu

TAG: Fine oval gold tinsel

BUTT: Rear half: fluorescent green floss; front half: fluorescent red floss

RIB: Medium oval gold tinsel

BODY: Peacock herl

WING: Black bear hair over a few strands of pearl Krystal Flash

COLLAR HACKLE: Blue-dyed guinea hen feather

HEAD: Fluorescent green

FERRET : Laminette ovale dorée fine

CUL : Arrière (1/2) : soie floche vert fluorescent; avant (1/2) : soie floche rouge fluorescent

CÔTES : Laminette ovale dorée médium

CORPS : Fibres de paon

AILES : Brins de « Krystal Flash » perle, suivis de poils d'ours noir

COLLERETTE : Plumes de pintade teintes bleues

TÊTE : Vert fluorescent

## Arndilly Fancy

Tier | Monteur: Jacques Héroux
Creator | Créateur: Megan Boyd

TAG: Fine oval silver tinsel

TAIL: Golden pheasant crest

RIB: Fine oval silver tinsel

BODY: Yellow or pumpkin floss

THROAT: Light-blue–dyed hackle

WING: Black bear hair

HEAD: Red

FERRET : Laminette ovale argentée fine

QUEUE : Crête de faisan doré

CÔTES : Laminette ovale argentée fine

CORPS : Soie floche jaune ou citrouille

GORGE : Selle de coq teinte bleu pâle

AILES : Poils d'ours noir

TÊTE : Rouge

## As de Pique

Tier | Monteur: Fernand Grenier
Creator | Créateur: Yves Demers

TAG: Fine oval silver tinsel

TAIL: Golden pheasant crest

RIB: Fine oval silver tinsel

BODY: Fluorescent lime-green dubbing

THROAT: Sparse lemon-yellow–dyed hackle, pulled down and tied back

WING: Black squirrel tail hair over a few strands of dark multi-coloured Flashabou

CHEEKS: Jungle cock

HEAD: Black

FERRET : Laminette ovale argentée fine

QUEUE : Crête de faisan doré

CÔTES : Laminette ovale argentée fine

CORPS : Bourre vert lime fluorescent

GORGE : Selle de coq teinte jaune tournée et ramenée vers le bas et l'arrière

AILES : « Flashabou » foncé multicouleur sous poils d'écureuil noirs

JOUES : Coq de Sonnerat

TÊTE : Noire

## Austin's Green

Tier | Monteur: Jacques Héroux
Creator | Créateur: Austin Clarke

TAIL: Highlander Green–dyed hackle fibres
BODY: Medium olive chenille
THROAT: Highlander Green–dyed hackle
WING: Highlander Green–dyed calf tail
HEAD: Black

QUEUE : Fibres de selle de coq teintes vert « Highlander »
CORPS : Chenille olive
GORGE : Selle de coq teinte vert « Highlander »
AILES : Poils de queue de veau teints vert « Highlander »
TÊTE : Noire

## Autumn Flash

Tier | Monteur: Jacques Héroux
Creator | Créateur: Buddy McIntyre

TAG: Fine oval silver tinsel
TIP: Fluorescent orange floss
TAIL: Golden pheasant crest
BUTT: Black ostrich herl
RIB: Fine oval silver tinsel
BODY: Two equal segments: rear half: orange Krystal Flash;
   front half: orange fluorescent floss
WING: Black bear hair
COLLAR HACKLE: Orange-dyed grizzly
HEAD: Black

FERRET : Laminette ovale argentée fine
CUL : Soie floche orange fluorescent
QUEUE : Crête de faisan doré
FRAISE : Plume noire d'autruche
CÔTES : Laminette ovale argentée fine
CORPS : Deux segments : arrière, « Krystal Flash » orange;
   avant, soie floche orange fluorescent
AILES : Poils d'ours noir
COLLERETTE : Plume grizzly teinte orange
TÊTE : Noire

## Autumn Run

Tier | Monteur: Todd Kennedy
Creator unknown | Créateur inconnu

TAG: Fine oval gold tinsel
RIB: Fine oval gold tinsel, crossed
BODY: Orange floss
WING: White bucktail under orange-dyed bucktail
HEAD: Black

FERRFT : Laminette ovale dorée fine
CÔTES : Laminette ovale dorée fine montée en croisé
CORPS : Soie floche orange
AILES : Poils de queue de chevreuil teints blancs, suivis
   d'orange
TÊTE : Noire

## Awesome Autumn

Tier | Monteur: Todd Kennedy
Creator unknown | Créateur inconnu

TAG: Fine oval silver tinsel
TAIL: Orange-dyed golden pheasant crest
BUTT: Orange floss
RIB: Fine oval gold tinsel
BODY: Chartreuse flat braid
WING: Golden pheasant tippet, over which is orange-dyed grey squirrel tail
COLLAR HACKLE: Orange-dyed hackle
HEAD: Fluorescent red

FERRET : Laminette ovale argentée fine
CUL : Soie floche orange
QUEUE : Crête de faisan doré teinte orange
CÔTES : Laminette ovale dorée fine
CORPS : Tresse plate chartreuse
AILES : Tippets de faisan doré, suivis de poils d'écureuil gris teints orange
COLLERETTE : Orange
TÊTE : Rouge fluorescent

## Banane Variante

Tier | Monteuse: Lyne Trudeau
Creator | Créateur: Mick Andersson (variant by | variante de Lyne Trudeau)

TAG: Fine oval copper tinsel
BUTT: Fluorescent green floss
RIB: Fine oval copper tinsel
BODY: Two sections: rear two-thirds: gold holographic flat tinsel braid SM8; front third: a mixture of seal fur dubbing and golden-brown ice dubbing
WING: Small pearl holographic tinsel, followed by yellow-dyed raccoon hair and strands of copper Krystal Flash
COLLAR HACKLE: Grey heron feather or substitute
CHEEKS: Long jungle cock
HEAD: Black

FERRET : Laminette ovale cuivrée fine
CUL : Soie floche vert fluorescent
CÔTES : Laminette ovale cuivrée fine
CORPS : Deux segments : arrière (2/3), lame holographique dorée tressée SM8; avant (1/3), mélange de bourre de phoque et de « Ice Dubbing » brun doré
AILES : Quelques brins de petites lames holographiques perle, suivis d'une pincée de poils de raton laveur teints jaunes et de brins de « Krystal Flash » cuivre
COLLERETTE : Plume de héron grise ou substitut
JOUES : Longue plume de coq de Sonnerat
TÊTE : Noire

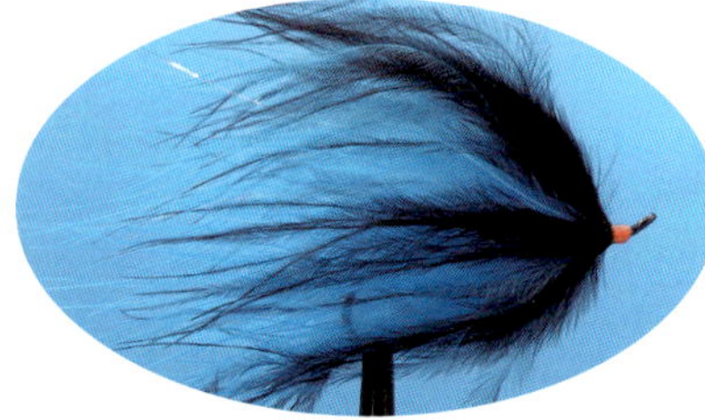

## Black & Blue Marabou

Tier | Monteur: Todd Kennedy
Creator unknown | Créateur inconnu

WING: Blue marabou with a few strands of silver Flashabou
COLLAR HACKLE: Black marabou
HEAD: Red

CORPS : Marabout bleu, suivi de quelques brins de « Flashabou » argent
COLLERETTE : Marabout noir
TÊTE : Rouge

## Black Diamond

Tier | Monteur: Jacques Héroux
Creator | Créateur: Art Lingren

TAG: Fine oval silver tinsel
RIB: Fine oval silver tinsel
BODY: Black dubbing or wool
THROAT: Natural guinea hen feathers
WING: Four peacock sword fibres covered by natural
  guinea hen feathers and grey squirrel tail fur
CHEEKS: Jungle cock
HEAD: Black

FERRET : Laminette ovale argentée fine
CÔTES : Laminette ovale argentée fine
CORPS : Bourre ou laine noire
GORGE : Poils naturels de pintade
AILES : Poils naturels de pintade mélangés avec des poils
  de queue d'écureuil gris sur quatre fibres de paon
JOUES : Coq de Sonnerat
TÊTE : Noire

## Black Doctor (Hairwing Version)

Tier | Monteur: Fernand Grenier
Creator unknown | Créateur inconnu

TAG: Fine oval silver tinsel
TIP: Golden-yellow floss
TAIL: Golden pheasant crest and a small red-dyed feather
  (Indian crow substitute)
BUTT: Red wool
RIB: Fine oval silver tinsel
BODY: Black floss
HACKLE: Dark-blue-dyed hackle starting at the second
  round of tinsel
THROAT: Light-blue-dyed hackle under widgeon fibres
WING: Golden pheasant tippets laid in strands under a
  small quantity of brown, blue-, yellow-, and red-dyed
  calf tail, over which is red squirrel tail fur and topped
  with a golden pheasant crest
CHEEKS: Tip of an imitation blue chatterer hackle
HEAD: Red wool

FERRET : Laminette ovale argentée fine
CUL : Soie floche jaune doré
QUEUE : Crête de faisan doré et petite plume teinte rouge
  au-dessus (Indian Crow)
FRAISE : Laine rouge
CÔTES : Laminette ovale argentée fine
CORPS : Soie floche noire
PALMURE : Plume de selle de coq teinte bleu foncé à
  partir du deuxième tour de tinsel
GORGE : Fibres de selle de coq bleu teinte pâle sous fibres
  de canard siffleur (widgeon)
AILES : Tippets de faisan doré posés en bande sous poils
  de queue de veau teints bruns, bleus, jaunes et rouges
  (petite quantité), sous poils d'écureuil roux et une crête
  de faisan doré au-dessus
JOUES : Pointe de selle de poule bleue imitant le « Blue
  Chatterer »
TÊTE : Laine rouge

## Black Paddy Francis

Tier | Monteur: Christopher Sinclair
Creator | Créateur: Patrick Francis

TAIL: White calf tail
BODY: Black deer body hair, spun and clipped into a cigar shape
WING: White calf tail
HEAD: Black

QUEUE : Poils de queue de veau blancs
CORPS : Poils de corps de chevreuil teints noirs, tournés, tassés et coupés en forme de cigare
AILES : Poils de queue de veau blancs
TÊTE : Noire

## Black Paradise

Tier | Monteur: Jacques Héroux
Creator | Créateur: Charles DeFeo

TAG: Fine oval silver tinsel
TIP: Orange floss
TAIL: Red-dyed hackle fibres
RIB: Fine oval silver tinsel
BODY: Two segments: rear quarter: medium blue floss; front three-quarters: black bear underfur dubbing
THROAT: Natural guinea fowl feathers over grizzly hackle
WING: Black bear hair
CHEEKS: Small blue feather
HEAD: Red

FERRET : Laminette ovale argentée fine
CUL : Soie floche orange
QUEUE : Fibres de selle de coq rouge
CÔTES : Laminette ovale argentée fine
CORPS : Deux segments : arrière (¼), soie floche bleue; avant (¾), bourre d'ours noir
GORGE : Plumes de pintade, suivies d'une plume grizzly
AILES : Poils d'ours noir
JOUES : Petite plume bleue
TÊTE : Rouge

## Black Widow

Tier | Monteur: Todd Kennedy
Creator | Créateur: Eric Baylis

TAG: Long flat silver tinsel followed by fine oval silver tinsel
RIB: Fine oval silver tinsel
BODY: Two equal segments: yellow floss and black micro chenille
THROAT: Black hackle
WING: Black squirrel tail
CHEEKS: Jungle cock
HEAD: Black

FERRET : Longue lame argentée, suivie d'une laminette ovale argentée fine
CÔTES : Laminette ovale argentée fine
CORPS : Deux segments égaux: soie floche jaune, suivie d'une micro-chenille noire
GORGE : Noire
AILES : Poils de queue d'écureuil noirs
JOUES : Coq de Sonnerat
TÊTE : Noire

## Blue & Black Icelandic

Tier | Monteuse: Lyne Trudeau
Creator unknown | Créateur inconnu

TAG: Fine oval silver tinsel
RIB: Fine oval silver tinsel
BODY: Embossed flat silver tinsel
THROAT: Blue Doctor–dyed hackle
WING: Black-dyed rooster tail feathers
CHEEKS: Jungle cock
HEAD: Red

FERRET : Laminette ovale argentée fine
CÔTES : Laminette ovale argentée fine
CORPS : Lame plate gaufrée
GORGE : Plume couleur « Blue Doctor »
AILES : Plumes de coq teintes noires
JOUES : Coq de Sonnerat
TÊTE : Rouge

## Blue Hope

Tier | Monteur: Jacques Héroux
Creator | Créateur: Bob Baker

TAG: Fine oval silver tinsel
TIP: Fluorescent red floss
TAIL: Golden pheasant crest, over which are a few blue-dyed hackle fibres
BUTT: Black ostrich herl
RIB: Fine oval silver tinsel
BODY: Three segments: first half: flat silver tinsel; second half, divided into two equal parts: blue-dyed ostrich herl, then blue Krystal Flash
WING: Purple Krystal Flash followed by blue-dyed squirrel tail hair
COLLAR HACKLE: Black
CHEEKS: Jungle cock
HEAD: Black

FERRET : Laminette ovale argentée fine
CUL : Soie floche rouge fluorescent
QUEUE : Crête de faisan doré, suivie d'une pincée de poils de selle de coq bleus
FRAISE : Plume d'autruche noire
CÔTES : Laminette ovale argentée fine
CORPS : Trois segments : première demie, lame argentée; deuxième demie, divisée en deux segments égaux : plume d'autruche teinte bleue et brins de « Krystal Flash » bleus
AILES : Brins de « Krystal Flash » violets, suivis de poils de queue d'écureuil teints bleus
COLLERETTE : Noire
JOUES : Coq de Sonnerat
TÊTE : Noire

## Blue Nose

Tier | Monteur: Rénald Dufour
Creator | Créateur: Rénald Dufour

TAG: Small oval silver tinsel

BUTT: Chartreuse floss

TAIL: Golden pheasant crest

RIB: Small oval silver tinsel with black swannundaze rolled in front of the tinsel

BODY: Blue mini flat braid

WING: White polar bear hairs with a strand of blue Flashabou on each side

COLLAR HACKLE: Yellow and blue

CHEEKS: Jungle cock

HEAD: Black

FERRET : Laminette ovale argentée fine

CUL : Soie floche chartreuse

QUEUE : Crête de faisan doré

CÔTES : Laminette ovale argentée fine et un brin de swannundaze noir devant la laminette

CORPS : Mini tresse plate bleue

AILES : Poils blancs d'ours polaire, suivis de brins de « Flashabou » bleus de chaque côté

COLLERETTE : Jaune et bleue

JOUES : Coq de Sonnerat

TÊTE : Noire

## Blue Silver Tip

Tier | Monteur: Christopher Sinclair
Creator | Créateur: Christopher Sinclair

TAG: Flat silver tinsel

TAIL: Golden Pheasant tail

BODY: Black silk floss

THROAT: Light-blue-dyed saddle

WING: Grey squirrel tail hair, followed by Blue Krystal Flash under six moose hairs

HEAD: Black

FERRET : Lame argentée

QUEUE : Crête de faisan doré

CORPS : Soie floche noire

GORGE : Plume de selle de coq teinte bleu pâle

AILES : Poils de queue d'écureuil, suivis de quelques brins de « Krystal Flash » bleu et de six poils d'orignal

TÊTE : Noire

## Bluenose Assassin

Tier | Monteuse: Lyne Trudeau
Creator | Créateur: Marc Madore

BODY: Flat silver tinsel

WING: A few strands of pearl holographic Flashabou under two white marabou feathers

COLLAR HACKLE: Blue-dyed marabou feather on top of a longer white marabou feather, followed by a teal hackle

THROAT: Red wool

CHEEKS: Jungle cock

HEAD: Red

CORPS : Lame argentée

AILES : Brins de « Flashabou » holographique perle sous deux plumes de marabout blanches

COLLERETTE : Plume de marabout teinte bleue sur une plus longue plume de marabout blanche, suivies d'une petite plume de sarcelle

GORGE : Laine rouge

JOUES : Coq de Sonnerat

TÊTE : Rouge

## Blundertaker-White Wing

Tier | Monteur: Christopher Sinclair
Creator unknown | Créateur inconnu

TAG: Fine oval silver tinsel
TIP: Chartreuse floss
BUTT: Fluorescent red floss
RIB: Fine oval silver tinsel
BODY: Peacock herl
THROAT: Light-blue-dyed hackle
WING: White calf tail
HEAD: Black

FERRET : Laminette ovale argentée fine
CUL : Soie floche chartreuse
FRAISE : Soie floche rouge fluorescent
CÔTES : Laminette ovale argentée fine
CORPS : Fibres de paon
GORGE : Plumes teintes bleu pâle
AILES : Poils de queue de veau blancs
TÊTE : Noire

## Bondatti's Killer

Tier | Monteur: Todd Kennedy
Creator | Créateur: Frank Bondatti

TAG: Fine oval silver tinsel
TAIL: Golden pheasant crest
RIB: Small flat silver tinsel
BODY: Two equal segments: rear: fluorescent green floss;
  front: fluorescent orange floss
THROAT: Black hackle
WING: Grey squirrel tail
HEAD: Black

FERRET : Laminette ovale argentée fine
QUEUE : Crête de faisan doré
CÔTES : Lame argentée
CORPS : Deux segments égaux: arrière, soie floche vert
  fluorescent; avant, soie floche orange fluorescent
GORGE : Noire
AILES : Poils de queue d'écureuil gris
TÊTE : Noire

## Bootleggers' Secret | Secret des contrebandiers

Tier | Monteur: Rénald Dufour
Creator | Créateur: Rénald Dufour

TAG: Small oval silver tinsel
BUTT: Fluorescent red floss
TAIL: Aqua Rainbow Flashabou Polarflash fibres
RIB: Oval silver tinsel
BODY: Embossed copper tinsel
WING: Yellow-dyed bucktail covered with fluorescent
  green–dyed bucktail and topped with peacock herl
COLLAR HACKLE: Sunburst-yellow-dyed deer body hair,
  spun and clipped to form a head and collar
HEAD: Black

FERRET : Laminette ovale argentée fine
CUL : Soie floche rouge fluorescent
QUEUE : Fibres de « Polarflash » aqua
CÔTES : Laminette ovale argentée fine
CORPS : Lame gaufrée cuivrée
AILES : Pincée de poils de queue de chevreuil teints
  jaunes, suivie d'une pincée de poils de queue de
  chevreuil teints vert fluorescent et de quelques fibres de
  paon
COLLERETTE : Poils de chevreuil teints jaune vif, tournés,
  tassés, et coupés pour former une tête et une collerette
TÊTE : Noire

## Boréal

Tier | Monteur: Fernand Grenier
Creator | Créateur: Fernand Grenier

TAG: Small oval silver tinsel

TAIL: Blue-dyed golden pheasant crest

BUTT: Black-dyed ostrich herl

RIB: Medium oval silver tinsel

BODY: Royal-blue floss

THROAT: Blue Doctor–dyed hackle

WING: Black bear hair under four strands of royal-blue Krystal Flash, and four strands of pearl Krystal Flash under black bear hair

CHEEKS: Silver pheasant under jungle cock

HEAD: Royal blue

FERRET : Laminette ovale argentée fine

QUEUE : Crête de faisan doré teinte bleue

FRAISE : Plume d'autruche teinte noire

CÔTES : Laminette ovale argentée moyenne

CORPS : Soie floche bleu royal

GORGE : Selle de coq teinte « Blue Doctor »

AILES : Poils d'ours noir, sous quatre brins de « Krystal Flash » bleu royal et quatre brins de « Krystal Flash » perle, sous des poils d'ours noir

JOUES : Plume de faisan argenté sous plume de coq de Sonnerat

TÊTE : Bleu royal

## Boyo Fly

Tier | Monteur: Jacques Héroux
Creator | Créateur: Illtyd Griffiths

TAG: Fine oval silver tinsel

RIB: Fine oval gold tinsel

HACKLE: Orange-dyed hackle

BODY: Two segments: back half: flat silver tinsel; front half: black floss

WING: Strands of orange Flashabou or Krystal Flash followed by mixed yellow-, orange- and black-dyed bucktail

COLLAR HACKLE: Yellow-dyed feathers under black feathers

HEAD: Red

FERRET : Laminette ovale argentée fine

CÔTES : Laminette ovale dorée fine

PALMURE : Selle de coq teinte orange

CORPS : Deux segments : arrière, lame argentée; avant, soie floche noire

AILES : Brins de « Flashabou » ou « Krystal Flash » orange, suivis de poils de queue de chevreuil teints jaunes, orange et noirs

COLLERETTE : Selle de coq teinte jaune, sous selle de coq noire

TÊTE : Rouge

## Brown Bear

Tier | Monteur: Jacques Héroux
Creator | Créateur: Gilbert Levesque

TAG: Fine oval silver tinsel
TIP: Fluorescent green floss
TAIL: Fluorescent green floss
RIB: Fine oval silver tinsel
BODY: Peacock herl
WING: Brown bear hair or red squirrel tail hairs
COLLAR HACKLE: Light brown
HEAD: Black

FERRET : Laminette argentée fine
QUEUE : Soie floche vert fluorescent
CUL : Soie floche vert fluorescent
CÔTES : Laminette argentée fine
CORPS : Fibres de paon
AILES : Poils d'ours brun ou de queue d'écureuil roux
COLLERETTE : Brun pâle
TÊTE : Noire

## Canadian Green

Tier | Monteur: Jacques Héroux
Creator | Créateur: Warren Duncan

TAG: Fine oval silver tinsel
TAIL: Golden pheasant crest
RIB: Fine oval silver tinsel
BODY: Fluorescent green wool or floss
WING: Green-dyed grey squirrel tail hairs
COLLAR HACKLE: Yellow cock
HEAD: Black

FERRET : Laminette ovale argentée fine
QUEUE : Crête de faisan doré
CÔTES : Laminette ovale argentée fine
CORPS : Soie floche ou laine vert fluorescent
AILES : Poils de queue d'écureuil teints verts
COLLERETTE : Jaune
TÊTE : Noire

## Cardinelle

Tier | Monteur: Todd Kennedy
Creator | Créateur: Paul Kukonen

BODY: Hot-pink yarn
WING: White polar bear hairs under a hot-pink-dyed
  marabou feather
COLLAR HACKLE: Long yellow-dyed feather
HEAD: Fluorescent red

CORPS : Laine rose fluorescent
AILES : Poils d'ours polaire blancs, suivis d'une plume de
  marabout teinte rose fluorescent
COLLERETTE : Longue plume teinte jaune
TÊTE : Rouge fluorescent

## Carolina

Tier | Monteur: Rénald Dufour
Creator | Créateur: Rénald Dufour

TAG: Fine oval silver tinsel
BUTT: Chartreuse mini flat braid
TAIL: Peacock swords
RIB: Oval silver tinsel
BODY: Green Axxel braid
WING: Black bucktail hair with fluorescent yellow–dyed marabou fibres and topped with chartreuse Krystal Flash
COLLAR HACKLE: Black-dyed deer body hair, spun and clipped to form a head and collar
HEAD: Black

FERRET : Laminette ovale argentée fine
CUL : Mini tresse plate chartreuse
QUEUE : Fibres de sabres de paon
CÔTES : Laminette ovale argentée fine
CORPS : Tresse « Axxel » verte
AILES : Poils de queue de chevreuil teints noirs, suivis de fibres de marabout jaune fluorescent et de brins de « Krystal Flash » chartreuse
COLLERETTE : Poils de corps de chevreuil teints noirs, tournés, tassés et coupés pour former une tête et une collerette
TÊTE : Noire

## Castle Rock

Tier | Monteur: Jacques Héroux
Creator | Créateur: Daniel Dufour

TAG: Fine oval silver tinsel
TIP: Fluorescent green floss
TAIL: Golden pheasant crest
BUTT: White ostrich herl
RIB: Fine oval silver tinsel
BODY: Violet floss
WING: White calf tail
COLLAR HACKLE: Black
HEAD: Black

FERRET : Laminette ovale argentée fine
CUL : Soie floche vert fluorescent
QUEUE : Crête de faisan doré
FRAISE : Plume d'autruche teinte blanche
CÔTES : Laminette ovale argentée fine
CORPS : Soie floche violet
AILES : Queue de veau blanche
COLLERETTE : Noire
TÊTE : Noire

## Cecilia | Cécile

Tier | Monteur: Rénald Dufour
Creator | Créateur: Rénald Dufour

TAG: Fine silver oval tinsel

TIP: Hot-orange floss

TAIL: Golden pheasant crest topped with red-dyed hackle fibres

BUTT: Black ostrich herl

RIB: Oval silver tinsel

BODY: Red holographic flat tinsel

WING: Coral-dyed grey squirrel tail fibres with red Krystal Flash and topped with wine-dyed marabou fibres

COLLAR HACKLE: Black heron or substitute in the rear; red-dyed deer body hair, spun and clipped to form a head and collar

HEAD: Black

FERRET : Laminette ovale argentée fine

CUL : Soie floche orange vif

QUEUE : Crête de faisan doré et fibres de selle de coq teintes rouges

FRAISE : Plume d'autruche noire

CÔTES : Laminette ovale argentée fine

CORPS : Lame holographique rouge

AILES : Poils de queue d'écureuil teints corail, suivis de « Krystal Flash » rouge et de fibres de marabout teintes couleur bordeaux

COLLERETTE : Deux segments : arrière, plume de héron ou substitut; avant, poils de corps de chevreuil teints rouges, tournés, tassés et coupés pour former une tête et une collerette

TÊTE : Noire

## Coachman

Tier | Monteur: Jacques Héroux
Creator | Créateur: Tom Bosworth

TAG: Fine oval silver tinsel

TAIL: Golden pheasant crest

RIB: Fine oval silver tinsel

BODY: Three equal segments of peacock herl, red floss, and peacock herl

WING: White calf tail

COLLAR HACKLE: Brown

HEAD: Black

FERRET : Laminette ovale argentée fine

QUEUE : Crête de faisan doré

CÔTES : Laminette ovale argentée fine

CORPS : Trois segments égaux : fibres de paon, soie floche rouge et fibres de paon

AILES : Poils de queue de veau blancs

COLLERETTE : Brune

TÊTE : Noire

## Coal Car

Tier | Monteur: Todd Kennedy
Creator unknown | Créateur inconnu

TAG: Fine oval gold tinsel
RIB: Fine oval gold tinsel
BODY: Three equal segments of orange and red yarn
followed by black floss
WING: Black bear hair
COLLAR HACKLE: Black hackle
HEAD: Black

FERRET : Laminette ovale dorée fine
CÔTES : Laminette ovale dorée fine
CORPS : Trois segments égaux : laine orange et laine
rouge, suivies d'une soie floche noire
AILES : Poils d'ours noir
COLLERETTE : Plume noire
TÊTE : Noire

## Coral and Aqua

Tier | Monteur: Rénald Dufour
Creator | Créateur: Rénald Dufour

TAG: Small oval silver tinsel
BUTT: Hot-orange floss
TAIL: Golden pheasant crest
RIB: Silver oval tinsel
BODY: Chartreuse holographic tinsel covered with pearl
flat tinsel
WING: Pearl Blue Krystal Flash topped with aqua-dyed
grey squirrel tail hairs
COLLAR HACKLE: An aqua-dyed hackle and a coral-dyed
hackle, back-to-back
CHEEKS: Jungle cock
HEAD: White, covered with pearl Flashabou

FERRET : Laminette ovale argentée fine
CUL : Soie floche orange
QUEUE : Crête de faisan doré
CÔTES : Laminette ovale argentée fine
CORPS : Lame holographique chartreuse, suivie de lame
perle
AILES : « Krystal Flash » bleu perle, suivi de poils de queue
d'écureuil teints aqua
COLLERETTE : Plume de selle de coq teinte aqua, suivie
d'une plume de selle de coq teinte corail
JOUES : Coq de Sonnerat
TÊTE : Blanche couverte de « Flashabou » perle

## Crosby Blundertaker #1

Tier | Monteur: Christopher Sinclair
Creator | Créateur: Mike Crosby

TAG: Flat silver tinsel
TIP: Pink floss
BUTT: Chartreuse UNI-Stretch floss
RIB: Fine oval gold tinsel
BODY: Peacock herl
THROAT: Dark-blue-dyed hen hackle
WING: Black moose hair under three to five strands of
chartreuse Krystal Flash
HEAD: Black

FERRET : Lame argentée
CUL : Soie floche rose
FRAISE : Soie floche chartreuse
CÔTES : Laminette ovale dorée fine
CORPS : Fibres de paon
GORGE : Plume teinte bleu foncé
AILES : Poils d'orignal, suivis de 3 à 5 brins de « Krystal
Flash » chartreuse
TÊTE : Noire

## Crosby Blundertaker #2

Tier | Monteur: Christopher Sinclair
Creator | Créateur: Mike Crosby

TAG: Fine oval gold tinsel
TIP: Chartreuse floss
BUTT: Chinese Red floss
BODY: Peacock herl
RIB: Fine oval gold tinsel
THROAT: Dark-blue-dyed hen hackle
WING: Black moose hair under three to five strands of
    royal-blue Krystal Flash
HEAD: Black

FERRET : Laminette ovale dorée fine
CUL : Soie floche chartreuse
FRAISE : Soie floche rouge
CORPS : Fibres de paon
CÔTES : Laminette ovale dorée fine
GORGE : Plume teinte bleu foncé
AILES : Poils d'orignal, sous 3 à 5 brins de « Krystal Flash »
    bleu foncé
TÊTE : Noire

## Crosby Special

Tier | Monteur: Jacques Héroux
Creator | Créateur: Mike Crosby

TAG: Flat silver tinsel
TAIL: Golden pheasant crest
BUTT: Red wool
RIB: Fine oval silver tinsel
BODY: Rear third: fluorescent green floss; front two-thirds:
    dark-green wool
WING: Grey squirrel tail
COLLAR HACKLE: Yellow-peach–dyed hackle
CHEEKS: Jungle cock
HEAD: Red

FERRET : Lame argentée
QUEUE : Crête de faisan doré
CUL : Laine rouge
CÔTES : Laminette ovale argentée fine
CORPS : Arrière (1/3) : soie floche vert fluorescent; avant
    (2/3) : laine vert foncé
AILES : Poils d'écureuil gris
COLLERETTE : Jaune (tendance vers la couleur pêche)
JOUES : Coq de Sonnerat
TÊTE : Rouge

## Deere Fly

Tier | Monteur: Christopher Sinclair
Creator | Créateur: Michael McKinnon

TAG: Fine oval silver tinsel
TIP: Yellow floss
BUTT: Chartreuse yarn
BODY: Embossed copper tinsel
WINGS: John Deere green–dyed bucktail
CHEEKS: Jungle cock
COLLAR: Yellow
HEAD: Black

FERRET : Laminette ovale argentée fine
CUL : Soie floche jaune
FRAISE : Laine chartreuse
CORPS : Lame gaufrée cuivrée
AILES : Poils de queue de chevreuil teints vert « John Deere »
JOUES : Coq de Sonnerat
COLLERETTE : Jaune
TÊTE : Noire

## DeFeo's Black Diamond

Tier | Monteur: Jacques Héroux
Creator | Créateur: Charles DeFeo

TAG: Fine oval silver tinsel
TIP: Fluorescent orange floss
TAIL: Golden pheasant crest
BUTT: Black wool
RIB: Fine oval silver tinsel
BODY: Flat silver tinsel
THROAT: Brown
WING: Black squirrel tail or black bear hair over a single strand of fluorescent red floss
CHEEKS: Jungle cock
HEAD: Black

FERRET : Laminette ovale argentée fine
CUL : Soie floche orange fluorescent
QUEUE : Crête de faisan doré
FRAISE : Laine noire
CÔTES : Laminette ovale argentée fine
CORPS : Lame argentée
GORGE : Brune
AILES : Poils d'ours noir ou de queue d'écureuil noirs, sur un brin de soie floche rouge fluorescent
JOUES : Coq de Sonnerat
TÊTE : Noire

## Doobie

Tier | Monteuse: Lyne Trudeau
Creator | Créatrice: Lyne Trudeau

TAIL: Red Axxel Flash tinsel
RIB: Pearl Axxel, 6-ply
BODY: Two strands of small, natural-colour cord
COLLAR HACKLE: One ginger-dyed marabou feather, followed by one shorter natural-colour teal feather
HEAD: Black

QUEUE : « Axxel Flash » rouge
CÔTES : « Axxel » perle 6 plies
CORPS : Petite corde de couleur neutre, environ deux brins
COLLERETTE : Une plume de marabout teinte de couleur gingembre, suivie d'une plus petite plume de sarcelle naturelle
TÊTE : Noire

## Dragon

Tier | Monteur: Todd Kennedy
Creator unknown | Créateur inconnu

TAG: Fine oval silver tinsel
RIB: Black ostrich herl followed by a strand of fine oval silver tinsel
BODY: Silver Mylar under fluorescent green floss
COLLAR HACKLE: Black
HEAD: Black

FERRET : Laminette ovale argentée fine
CÔTES : Plume d'autruche noire, suivie par une laminette ovale argentée fine
CORPS : Mylar argenté sous une soie floche verte
COLLERETTE : Noire
TÊTE : Noire

## Dunkeld Variant

Tier | Monteuse: Lyne Trudeau
Creator unknown | Créateur inconnu (variation by | variante de Lyne Trudeau)

TAG: Fine oval gold tinsel
TAIL: Golden pheasant crest followed by red-dyed hackle feathers
BUTT: Black ostrich herl
RIB: Fine oval gold tinsel
BODY: Embossed gold tinsel
WING: Orange-dyed squirrel tail hair
COLLAR HACKLE: Orange-dyed hen hackle
CHEEKS: Long jungle cock (optional)
HEAD: Black

FERRET : Laminette ovale dorée fine
QUEUE : Crête de faisan doré, suivie de fibres de selle de coq teintes rouges
FRAISE : Plume d'autruche noire
CÔTES : Laminette ovale dorée fine
CORPS : Lame gaufrée dorée
AILES : Poils de queue d'écureuil teints orange
COLLERETTE : Plume teinte orange
JOUES : Longue plume de coq de Sonnerat (optionnel)
TÊTE : Noire

## Earl's Fly

Tier | Monteur: Jacques Héroux
Creator | Créateur: Earl Stetson

TAG: Fluorescent green floss
TAIL: Fluorescent green floss
BODY: Flat pearl tinsel
WING: Black squirrel tail or black bear hair
COLLAR HACKLE: Black hen hackle
HEAD: Black

CUL : Soie floche vert fluorescent
QUEUE : Soie floche vert fluorescent
CORPS : Lame perle
GORGE : Poils d'ours noir ou de queue d'écureuil noirs
COLLERETTE : Plume noire
TÊTE : Noire

## East River Fly

Tier | Monteur: Todd Kennedy
Creator | Créateur: Neil Watson

TAG: Fine oval silver tinsel
RIB: Oval silver tinsel
BODY: Black floss
WING: Grey squirrel tail
COLLAR HACKLE: Orange-dyed hackle
HEAD: Black

FERRET : Laminette ovale argentée fine
CÔTES : Laminette ovale argentée fine
CORPS : Soie floche noire
AILES : Poils de queue d'écureuil gris
COLLERETTE : Selle de coq teinte orange
TÊTE : Noire

### Frances/Black Bear/Green Butt

Tier | Monteur: Rénald Dufour
Creator | Créateur: Rénald Dufour

ANTENNA: Black-dyed calf tail covered with chartreuse Krystal Flash, mounted around the hook with five to six long black-dyed boar bristles

BUTT: Chartreuse wool with black saddle hackle in front, tied as a collar

RIB: Medium oval silver tinsel

BODY: Black wool, tied in a cone shape

HEAD: Black

ANTENNE : Poils de queue de veau teints noirs, suivis de « Krystal Flash » chartreuse et de 5 à 6 poils de sanglier teints noirs montés autour de l'hameçon

CUL : Laine chartreuse, suivie d'une petite plume montée en collerette

CÔTES : Laminette ovale argentée médium

CORPS : Laine noire montée en forme de cône

TÊTE : Noire

### Frances/Olive Chartreuse

Tier | Monteur: Rénald Dufour
Creator | Créateur: Rénald Dufour

ANTENNA: Olive-dyed calf tail hair with chartreuse Krystal Flash on top, with five to six long green- or chartreuse-dyed boar bristles mounted around the hook

BUTT: Chartreuse wool with olive-dyed saddle hackle tied as a collar

RIB: Medium silver oval tinsel

BODY: Olive wool tied in a cone shape

HEAD: Chartreuse

ANTENNE : Poils de queue de veau teints olive, suivis de brins de « Krystal Flash » chartreuse et de 5 à 6 longs poils de sanglier teints verts ou chartreuse et montés autour de l'hameçon

CUL : Laine chartreuse, suivie d'une plume de selle de coq olive montée en collerette

CÔTES : Laminette ovale argentée médium

CORPS : Laine olive montée en forme de cône

TÊTE : Chartreuse

### Frances/Tiger Ghost

Tier | Monteur: Rénald Dufour
Creator | Créateur: Rénald Dufour

ANTENNA:  Mixed white- and black-dyed calf tail hair with lime-green Krystal Flash on top, with five to six long natural, black- and white-dyed boar bristles tied around the hook

BUTT: Yellow wool with yellow-dyed and natural grizzly saddle hackle, palmered forward as a collar

RIB: Medium oval silver tinsel

BODY: Ghost body braid, tied in a cone shape

HEAD: Black

ANTENNE : Poils mélangés de queue de veau teints blancs et noirs, suivis de brins de « Krystal Flash » lime et de 5 à 6 longs poils de sanglier teints blancs et noirs montés autour de l'hameçon

CUL : Laine jaune, suivie d'une plume de selle de coq grizzly teinte jaune et montée en collerette

CÔTES : Laminette ovale argentée médium

CORPS : « Ghost Body Braid » montée en forme de cône

TÊTE : Noire

## Freight Train

Tier | Monteur: Todd Kennedy
Creator unknown | Créateur inconnu

TAIL: Purple-dyed hackle fibres
RIB: Fine oval gold tinsel
BODY: Three equal segments of orange, red, and black yarn
WING: White polar bear hair
COLLAR HACKLE: Purple
HEAD: Black

QUEUE : Pincée de poils de selle de coq teints pourpres
CÔTES : Laminette ovale dorée fine
CORPS : Trois segments égaux : laine orange, rouge et noire
AILES : Poils d'ours polaire blancs
COLLERETTE : Plume pourpre
TÊTE : Noire

## Gageure

Tier | Monteur: Jacques Héroux
Creator | Créateur: Marc LeBlanc

TAG: Fine oval silver tinsel
TIP: Golden-yellow floss
TAIL: Golden-yellow pheasant rump
BUTT: Black ostrich herl
RIB: Fine oval silver tinsel
BODY: Flat silver tinsel
WING: Black bear hair
COLLAR HACKLE: Grizzly hackle
CHEEKS: Jungle cock
HEAD: Black

FERRET : Laminette ovale argentée fine
CUL : Soie floche jaune or
QUEUE : Pincée de plumes jaunes de corps de faisan doré
FRAISE : Plume d'autruche noire
CÔTES : Laminette ovale argentée fine
CORPS : Lame argentée
AILES : Poils d'ours noir
COLLERETTE : Grizzly
JOUES : Coq de Sonnerat
TÊTE : Noire

## Gander River/Blue

Tier | Monteur: Jacques Héroux
Creator | Créateur: Len Rich

TAG: Flat silver tinsel
TAIL: Golden pheasant crest
RIB: Fine oval silver tinsel
BODY: Two segments: rear: blue floss; front: black floss
THROAT: Blue
WING: Black moose hair or bear hair
HEAD: Black

FERRET : Lame argentée
QUEUE : Crête de faisan doré
CÔTES : Laminette ovale argentée fine
CORPS : Deux segments : arrière, soie floche bleue; avant, soie floche noire
GORGE : Bleue
AILES : Poils d'ours noir ou d'orignal
TÊTE : Noire

## Gander River/Green

Tier | Monteur: Jacques Héroux
Creator | Créateur: Len Rich

TAG: Flat silver tinsel
TAIL: Golden pheasant crest
RIB: Fine oval silver tinsel
BODY: Two segments: rear: green floss; front: black floss
THROAT: Green
WING: Black moose hair or black bear hair
HEAD: Black

FERRET : Lame argentée
QUEUE : Crête de faisan doré
CÔTES : Laminette ovale argentée fine
CORPS : Deux segments : arrière, soie floche verte; avant, soie floche noire
GORGE : Verte
AILES : Poils d'ours noir ou d'orignal
TÊTE : Noire

## Garry Dog

Tier | Monteur: Todd Kennedy
Creator unknown | Créateur inconnu

TAG: Fine oval silver tinsel
TAIL: Golden pheasant crest
BUTT: Yellow floss
RIB: Fine oval silver tinsel
BODY: Black floss
WING: Yellow-dyed calf tail over red-dyed calf tail
COLLAR HACKLE: Blue-dyed hackle
HEAD: Black

FERRET : Laminette ovale argentée fine
CUL : Soie floche jaune
QUEUE : Crête de faisan doré
CÔTES : Laminette ovale argentée fine
CORPS : Soie floche noire
AILES : Poils de queue de veau teints jaunes sur une pincée de poils de queue de veau teints rouges
COLLERETTE : Plume bleue
TÊTE : Noire

## Gouffre

Tier | Monteur: Fernand Grenier
Creator | Créateur: Daniel Bradet

BODY: Small silver Mylar tubing
WING: Small bunch of white-red and white calf tail hair
CHEEKS: Jungle cock
HEAD: Black ostrich herl

CORPS : Tube de Mylar argenté petit
AILES : Petites pincées de poils de queue de veau blancs, sous rouges, sous blancs
JOUES : Coq de Sonnerat
TÊTE : Plume d'autruche noire

## Grape Marabou

Tier | Monteur: Todd Kennedy
Creator unknown | Créateur inconnu

WING: Hot-pink-dyed marabou feather under a few
   strands of purple Krystal Flash
COLLAR HACKLE: Purple-dyed marabou
HEAD: Black

AILES : Plume de marabout teinte rose fluorescent, suivie
   de quelques brins de « Krystal Flash » pourpres
COLLERETTE : Marabout teint pourpre
TÊTE : Noire

## Green Ant

Tier | Monteur: Jacques Héroux
Creator unknown | Créateur inconnu

TAG: Fine oval silver tinsel
TAIL: Golden pheasant tippets
BUTT: Black ostrich herl
BODY: Fluorescent green floss
WING: Grey squirrel tail
COLLAR HACKLE: Black
HEAD: Black

FERRET : Laminette ovale argentée fine
QUEUE : Tippets de faisan doré
FRAISE : Plume d'autruche noire
CORPS : Soie floche vert fluorescent
AILES : Pincée de poils de queue d'écureuil gris
COLLERETTE : Noire
TÊTE : Noire

## Green Brahan

Tier | Monteur: Todd Kennedy
Creator unknown | Créateur inconnu

TAG: Fine oval gold tinsel
TAIL: Golden pheasant crest
RIB: Fine oval gold tinsel
BODY: Green Mylar
THROAT: Black
WING: Black squirrel tail
HEAD: Red

FERRET : Laminette ovale dorée fine
QUEUE : Crête de faisan doré
CÔTES : Laminette ovale dorée fine
CORPS : Mylar vert
GORGE : Plume noire
AILES : Poils de queue d'écureuil noirs
TÊTE : Rouge

# Green Butt/Silver Blue

Tier | Monteur: Christopher Sinclair
Creator | Créateur: Christopher Sinclair

TAG: Fine oval silver tinsel
TIP: Chartreuse floss
TAIL: Golden pheasant crest
BUTT: Black wool
RIB: Oval silver tinsel
BODY: Silver Mylar tinsel
THROAT: Silver Doctor Blue hackle
WING: Black moose hair over three to five strands of
   light-blue Krystal Flash
HEAD: Black

FERRET : Laminette ovale argentée fine
CUL : Soie floche chartreuse
QUEUE : Crête de faisan doré
FRAISE : Laine noire
CÔTES : Laminette ovale argentée fine
CORPS : Lame argentée
GORGE : Bleu « Silver Doctor »
AILES : 3 à 5 brins de « Krystal Flash » bleu pâle, suivis de
   poils d'orignal
TÊTE : Noire

# Green Butt/Silver Grey

Tier | Monteur: Christopher Sinclair
Creator | Créateur: Christopher Sinclair

TAG: Fine oval silver tinsel
TIP: Chartreuse floss
TAIL: Golden pheasant crest
BUTT: Black yarn
RIB: Fine oval silver tinsel
BODY: Flat silver tinsel
HACKLE: Silver badger hackle
THROAT: Black hackle
WING: Strands of pearl Krystal Flash under moose hair
HEAD: Black

FERRET : Laminette ovale argentée fine
CUL : Soie floche chartreuse
QUEUE : Crête de faisan doré
FRAISE : Laine noire
CÔTES : Laminette ovale argentée fine
CORPS : Lame argentée
PALMURE : « Silver badger »
GORGE : Plume noire
AILES : Brins de « Krystal Flash » perle sous des poils
   d'orignal
TÊTE : Noire

## Green Butt/Thunder and Lightning

Tier | Monteur: Christopher Sinclair
Creator | Créateur: Christopher Sinclair

TIP: Fine oval gold tinsel
TAIL: Golden pheasant crest
BUTT: Chartreuse floss
RIB: Fine oval gold tinsel
BODY: Black silk floss
VEILING: Orange floss, half the length of the tail
THROAT: Silver Doctor Blue feathers
WING: Black moose hair over three to five strands of orange Midge Flash
COLLAR HACKLE: Light-orange-dyed feathers
HEAD: Black

FERRET : Laminette ovale dorée fine
QUEUE : Crête de faisan doré
CUL : Soie floche chartreuse
CÔTES : Laminette ovale dorée fine
CORPS : Soie floche noire
VOILE : Soie floche orange montée à la mi-queue
GORGE : Plumes bleu « Silver Doctor »
AILES : 3 à 5 brins de « Midge Flash » orange sous poils d'orignal
COLLERETTE : Plumes teintes orange pâle
TÊTE : Noire

## Green Charm

Tier | Monteur: Fernand Grenier
Creator | Créateur: Richard Lauzon

TAG: Small oval silver tinsel
TAIL: Bright-yellow hackle fibres
RIB: Embossed silver tinsel
BODY: Kelly-green floss
THROAT: Bright-yellow hackle fibres
WING: Insect-green-dyed American grey fox
CHEEKS: Jungle cock under blue kingfisher
HEAD: Black

FERRET : Laminette ovale argentée fine
QUEUE : Fibres de selle de coq jaunes
CÔTES : Lame gaufrée argentée
CORPS : Soie floche vert « Kelly »
GORGE : Fibres de selle de coq jaunes
AILES : Poils de renard gris teints vert insecte
JOUES : Plume de coq de Sonnerat voilée par une plume de martin-pêcheur
TÊTE : Noire

## Green Foxy

Tier | Monteur: Fernand Grenier
Creator | Créateur: André Balaïeff

TAIL: Chartreuse Krystal Flash
BODY: Chartreuse Krystal Flash
THROAT: Chartreuse Krystal Flash
WING: Grey fox hair
HEAD: Fluorescent green

QUEUE : « Krystal Flash » chartreuse
CORPS : « Krystal Flash » chartreuse
GORGE : « Krystal Flash » chartreuse
AILES : Poils de renard gris
TÊTE : Vert fluorescent

## Green Gem

Tier | Monteur: Jacques Héroux
Creator | Créateur: Daryl Bury

TAG: Fine oval silver tinsel
TIP: Fluorescent red floss
RIB: Fine oval silver tinsel
BODY: Bright-green wool or seal fur
WING: Grey squirrel tail
COLLAR HACKLE: Fluorescent green
HEAD: Red

FERRET : Laminette ovale argentée fine
CUL : Soie floche rouge fluorescent
CÔTES : Laminette ovale argentée fine
CORPS : Bourre de phoque ou laine vert fluorescent
AILES : Poils de queue d'écureuil gris
COLLERETTE : Vert fluorescent
TÊTE : Rouge

## Green Glitter

Tier | Monteur: Christopher Sinclair
Creator | Créateur: Mike Crosby

TIP: Fine oval silver tinsel
TAIL: Golden pheasant crest
BUTT: Chartreuse UNI-Stretch floss
RIB: Fine oval silver tinsel
BODY: Green diamond braid
THROAT: Green-dyed hen hackle under yellow-dyed hen hackle
WING: Black moose hair under three to five strands of green Krystal Flash
HEAD: Black

FERRET : Laminette ovale argentée fine
QUEUE : Crête de faisan doré
CUL : « UNI-Stretch » chartreuse
CÔTES : Laminette ovale argentée fine
CORPS : Tresse diamantée verte
GORGE : Plumes teintes vertes sous plumes teintes jaunes
AILES : Poils d'orignal sous 3 à 5 brins de « Krystal Flash » verts
TÊTE : Noire

## Green Spey Variant

Tier | Monteur: Fernand Grenier
Creator | Créateur: Marc LeBlanc (variant by | variante de Fernand Grenier)

RIB: Fine oval silver tinsel
BODY: Green Mylar tinsel
WING: Chartreuse- or fluorescent green–dyed bucktail under several strands of silver Flashabou
COLLAR HACKLE: Long chartreuse- or fluorescent green–dyed mallard feather
HEAD: Fluorescent green

CÔTES : Laminette ovale argentée fine
CORPS : Lame Mylar verte
AILES : Poils de queue de chevreuil teints chartreuse ou vert fluo sous plusieurs fibres de « Flashabou » argent
COLLERETTE : Longue plume de colvert teinte chartreuse ou vert fluorescent
TÊTE : Vert fluorescent

## Grenade

Tier | Monteur: Fernand Grenier
Creator | Créateur: Claude Bernard

TAIL: White calf tail
RIB: Fine oval gold tinsel
BODY: Flat silver tinsel
WING: Spare bunch of yellow-dyed squirrel tail to the end of the body, over which are slightly longer red-dyed grey squirrel tail hairs to the barb of the hook, covered by black squirrel tail hairs extending to the end of the hook. Three peacock sword fibres are on top.
CHEEKS: Jungle cock
HEAD: Yellow

QUEUE : Poils de queue de veau blancs
CÔTES : Laminette ovale dorée fine
CORPS : Lame argentée
AILES : Poils d'écureuil gris teints jaunes (de la longueur du corps), sous poils d'écureuil gris teints rouges (légèrement plus longs), sous poils noirs de queue d'écureuil (longueur de la courbure de l'hameçon), sous 3 fibres de sabres de paon
JOUES : Coq de Sonnerat
TÊTE : Jaune

## Half & Half

Tier | Monteur: Todd Kennedy
Creator unknown | Créateur inconnu

TAG: Fine oval silver tinsel
RIB: Fine oval silver tinsel
BODY: Two equal segments of fluorescent green and black yarn
WING: Black bear hair
COLLAR HACKLE: Black hackle
HEAD: Black

FERRET : Laminette ovale argentée fine
CÔTES : Laminette ovale argentée fine
CORPS : Deux segments égaux : laine vert fluorescent et noire
AILES : Poils d'ours noir
COLLERETTE : Plume noire
TÊTE : Noire

## Hang On

Tier | Monteur: Jacques Héroux
Creator unknown | Créateur inconnu

TAG: Flat silver tinsel
TIP: Fluorescent green floss
RIB: Fine oval silver tinsel
BODY: Two equal segments of flat silver tinsel followed by black floss
THROAT: Black
WING: Strands of fluorescent green Krystal Flash followed by black bear hair
HEAD: Black

FERRET : Lame argentée
CUL : Soie floche vert fluorescent
CÔTES : Laminette ovale argentée fine
CORPS : Deux parties : lame argentée, suivie de soie floche noire
GORGE : Noire
AILES : Brins de « Krystal Flash » vert fluorescent, suivis de poils d'ours noir
TÊTE : Noire

### Harding Special

Tier | Monteur: Jacques Héroux
Creator | Créateur: James Harding

TAG: Fine oval silver tinsel
TIP: Yellow floss
TAIL: Golden pheasant crest
BUTT: Black ostrich herl
RIB: Fine oval silver tinsel
BODY: Flat silver tinsel
WING: Red squirrel tail
COLLAR HACKLE: White
HEAD: Black

FERRET : Laminette ovale argentée fine
CUL : Soie floche jaune
QUEUE : Crête de faisan doré
FRAISE : Plume d'autruche noire
CÔTES : Laminette ovale argentée fine
CORPS : Lame argentée
AILES : Poils de queue d'écureuil roux
COLLERETTE : Blanche
TÊTE : Noire

### Hoot Special

Tier | Monteur: Jacques Héroux
Creator | Créateur: Hoot Smith

TAG: Fine oval silver tinsel
RIB: Fine oval silver tinsel
BODY: Fuchsia wool
WING: Black bear hair
HEAD: Black

FERRET : Laminette ovale argentée fine
CÔTES : Laminette ovale argentée fine
CORPS : Laine fuchsia
AILES : Poils d'ours noir
TÊTE : Noire

### Hot Scottie

Tier | Monteur: Todd Kennedy
Creator unknown | Créateur inconnu

TAG: Fine oval silver tinsel
TAIL: Orange- and yellow-dyed bucktail
BUTT: Red floss
RIB: Orange-dyed saddle hackle
BODY: Yellow floss
WING: Grey squirrel tail under a golden pheasant body feather
HEAD: Red

FERRET : Laminette ovale argentée fine
QUEUE : Poils de queue de chevreuil teints orange et jaunes
CUL : Soie floche rouge
CÔTES : Plume de poule teinte orange
CORPS : Soie floche jaune
AILES : Poils de queue d'écureuil gris sous une plume de corps de faisan doré
TÊTE : Rouge

## Humber Christmas Tree
Tier | Monteur: Christopher Sinclair
Creator unknown | Créateur inconnu

| | |
|---|---|
| TAG: Fine oval silver tinsel | FERRET : Laminette ovale argentée fine |
| TIP: Chartreuse UNI-Stretch floss | CUL : UNI-Stretch chartreuse |
| TAIL: Silver Mylar tubing | QUEUE : Tube Mylar argenté |
| BUTT: Red thread | FRAISE : Fil rouge |
| BODY: Silver Mylar tubing | CORPS : Tube Mylar argenté |
| THROAT: Green Krystal Flash | GORGE : « Krystal Flash » vert |
| WING: Grey squirrel tail under green Krystal Flash | AILES : Poils de queue d'écureuil sous des brins de « Krystal Flash » verts |
| COLLAR: Yellow | COLLERETTE : Jaune |
| HEAD: Red | TÊTE : Rouge |

## Ice Maiden
Tier | Monteur: Jacques Héroux
Creator | Créateur: Richard Vipond

| | |
|---|---|
| TAG: Fine oval silver tinsel | FERRET : Laminette ovale argentée fine |
| BUTT: Fluorescent green or red flat braid | CUL : Tresse plate vert ou rouge fluorescent |
| RIB: Fine oval silver tinsel | CÔTES : Laminette ovale argentée fine |
| BODY: Pearl flat braid | CORPS : Tresse plate perlée |
| WING: A pinch of fluorescent green–dyed arctic fox or deer tail hair followed by a pinch of longer blue-dyed arctic fox or deer tail hair, over which is a pinch of slightly longer Clearwater Blue Flash | AILES : Pincée de poils de renard arctique ou de queue de chevreuil teints vert fluorescent, suivie d'une plus longue pincée de poils de renard arctique ou de queue de chevreuil teints bleu pâle et coiffée de quelques brins de « Flash » bleu eau clair un peu plus longue |
| COLLAR HACKLE: A fluorescent green–dyed hackle followed by a light-blue-dyed hackle | COLLERETTE : Plume teinte vert fluorescent, suivie d'une plume teinte bleu pâle |
| HEAD: Chartreuse | TÊTE : Chartreuse |

## Interceptor/Orange Butt

Tier | Monteur: Christopher Sinclair
Creator unknown | Créateur inconnu

TAG: Fine oval silver tinsel
TIP: Fluorescent orange floss
TAIL: Golden pheasant tippets
RIB: Fine oval silver tinsel
BODY: Peacock herl
THROAT: Dark brown
WING: Red squirrel tail
HEAD: Black

FERRET : Laminette ovale argentée fine
CUL : Soie floche orange fluorescent
QUEUE : Tippets de faisan doré
CÔTES : Laminette ovale argentée fine
CORPS : Fibres de paon
GORGE : Brun foncé
AILES : Poils de queue d'écureuil roux
TÊTE : Noire

## Kinermony Killer

Tier | Monteur: Todd Kennedy
Creator unknown | Créateur inconnu

TAG: Fine oval silver tinsel
RIB: Fine oval silver tinsel
BODY: Two equal segments of silver holographic Mylar
and black floss with a yellow-dyed hackle tied as a collar
hackle in the middle
WING: Yellow-dyed bucktail under orange-dyed bucktail
under black squirrel tail, topped with pearl Krystal Flash
COLLAR HACKLE: Red-dyed hackle under blue-dyed
hackle
HEAD: Red

FERRET : Laminette ovale argentée fine
CÔTES : Laminette ovale argentée fine
CORPS : Deux segments égaux : Mylar holographique
argenté et soie floche noire avec une plume teinte jaune
en collerette au centre
AILES : Poils de queue de chevreuil teints jaunes, sous des
poils de queue de chevreuil teints orange, suivis de poils de
queue d'écureuil noirs et de brins de « Krystal Flash » perle
COLLERETTE : Plume teinte rouge suivie d'une plume
teinte bleue
TÊTE : Rouge

## L'Hermaphrodite

Tier | Monteuse: Lyne Trudeau
Creator | Créatrice: Lyne Trudeau

TAG: Small copper wire
TAIL: Small royal-blue Axxel tinsel
RIB: Small royal-blue soft wire
BODY: Two sections: rear two-thirds: small salmon-
coloured wool; front third: flat Axxel silver holographic
tinsel 6-ply
WING: Black bear hair over a few strands of small Axxel
silver holographic tinsel
COLLAR HACKLE: Yellow- and orange–dyed hackle
HEAD: Black

FERRET : Petit fil de fer cuivré
QUEUE : Petite lame « Axxel » bleu royal
CÔTES : Petit fil de fer bleu royal
CORPS : Deux segments : arrière (2/3), petite laine couleur
saumon; avant (1/3), lame « Axxel » holographique
argent 6 plis
AILES : Poils d'ours noir sur quelques brins de petites
lames « Axxel » holographiques argentées
COLLERETTE : Plume teinte jaune suivie d'une plume teinte
orange
TÊTE : Noire

## La Bilodeau

Tier | Monteuse: Lyne Trudeau
Creator | Créateur: Gilles Aubert

| | |
|---|---|
| TAG: Fine oval gold tinsel | FERRET : Laminette ovale dorée fine |
| TAIL: Strands of golden-yellow Antron wool fibres | QUEUE : Brins de fibres d'« Antron » « Golden Yellow » |
| RIB: Fine oval gold tinsel | CÔTES : Laminette ovale dorée fine |
| BODY: Three equal sections: yellow floss, followed by strands of peacock herl, then yellow floss | CORPS : Trois sections égales : soie floche jaune, suivie de fibres de plumes de paon et d'une soie floche jaune |
| WING: Yellow-dyed grey squirrel tail | AILES : Poils de queue d'écureuil gris teints jaunes |
| COLLAR HACKLE: One grey heron feather followed by a shorter orange-red–dyed teal or guinea feather | COLLERETTE : Plume gris de héron, suivie d'une plus petite plume de guinée ou pintade teinte orange/rouge |
| HEAD: Red | TÊTE : Rouge |

## La Bunker

Tier | Monteur: Jacques Héroux
Creator | Créateur: Yannick Tremblay

| | |
|---|---|
| TAG: Flat embossed silver tinsel | FERRET : Lame gaufrée argentée |
| BUTT: Fluorescent green flat braid | CUL : Lame tressée vert fluorescent |
| TAIL: Fluorescent green micro fibres | QUEUE : Micro-fibres vert fluorescent |
| RIB: Fine oval silver tinsel | CÔTES : Laminette ovale argentée fine |
| BODY: Black Axxel | CORPS : « Axxel » noir |
| WING: Strands of pearl UV Krystal Flash under natural polar bear hairs | AILES : Brins de « Krystal Flash » UV perle, suivis de poils d'ours polaire naturels |
| THROAT: Silver Doctor Blue hackle | GORGE : Plume de selle de coq bleu pâle « silver doctor » |
| CHEEKS: Jungle cock | JOUES : Coq de Sonnerat |
| HEAD: Black | TÊTE : Noire |

## La Havre Classic

Tier | Monteur: Jacques Héroux
Creator unknown | Créateur inconnu

| | |
|---|---|
| TAG: Fine oval silver tinsel | FERRET : Laminette ovale argentée fine |
| TIP: Fluorescent red floss | CUL : Soie floche rouge fluorescent |
| TAIL: Red-dyed golden pheasant crest | QUEUE : Crête de faisan doré teinte rouge |
| BUTT: Black ostrich herl | FRAISE : Plume d'autruche noire |
| RIB: Flat silver tinsel | CÔTES : Lame argentée |
| BODY: Fluorescent green floss | CORPS : Soie floche vert fluorescent |
| THROAT: Yellow | GORGE : Jaune |
| WING: Red squirrel tail | AILES : Poils de queue d'écureuil roux |
| HEAD: Black | TÊTE : Noire |

## La Maki

Tier | Monteuse: Lyne Trudeau
Creator | Créateur: Raphaël Robinson-Chouinard

TAG: Fine oval gold tinsel

BUTT: Fluorescent green wool

TAIL: Red-dyed golden pheasant crest

RIB: Fine oval gold tinsel

BODY: Flat silver tinsel

WING: White arctic fox hair with two strands on each side of pink Krinkle Mirror Flash.

COLLAR HACKLE: Grey spey feather followed by a chartreuse-dyed silver pheasant feather

CHEEKS: Jungle cock

HEAD: Red

FERRET : Laminette ovale dorée fine

CUL : Laine vert fluorescent

QUEUE : Crête de faisan doré teinte rouge

CÔTES : Laminette ovale dorée fine

CORPS : Lame argentée

AILES : Poils de renard arctique blancs avec deux brins de « Krinkel Mirror Flash » rose de chaque côté

COLLERETTE : Plume Spey grise, suivie d'une plume de faisan argentée teinte chartreuse

JOUES : Coq de Sonnerat

TÊTE : Rouge

## La Manon

Tier | Monteur: Jacques Héroux
Creator | Créateur: Manon Tanguay

TAG: Fine oval silver tinsel

RIB: Fine oval silver tinsel

BODY: Flat silver tinsel

WING: Grey squirrel tail followed by two feathers of jungle cock flank

COLLAR HACKLE: White deer body hair, spun and clipped to form a head and collar

HEAD: White

FERRET : Laminette ovale argentée fine

CÔTES : Laminette ovale argentée fine

CORPS : Lame argentée

AILES : Poils de queue d'écureuil gris, suivis de deux plumes de flanc de coq de Sonnerat

COLLERETTE : Poils de corps de chevreuil teints blancs, tournés, tassés et coupés pour former une tête et une collerette

TÊTE : Blanche

## La Minos

Tier | Monteur: Jacques Héroux
Creator | Créateur: Jean-Paul Dessaigne

BUTT: Fluorescent orange floss

TAIL: Golden pheasant crest

RIB: Fine oval silver tinsel

BODY: Black floss

THROAT: Pardo or grizzly hackle

WING: Black bear hair, black squirrel tail, or marten tail hair

CHEEKS: Jungle cock

HEAD: Black

CUL : Soie floche orange fluorescent

QUEUE : Crête de faisan doré

CÔTES : Laminette ovale argentée fine

CORPS : Soie floche noire

GORGE : Plume de coq Pardo ou grizzly

AILES : Poils d'ours noir, de queue d'écureuil teints noirs ou de martre

JOUES : Coq de Sonnerat

TÊTE : Noire

## La Oli

Tier | Monteur: Fernand Grenier
Creator | Créateur: Olivier Fournier

TAIL: Golden pheasant crest
TAG: Fine oval silver tinsel
BUTT: Fluorescent green floss
VEILING: Fluorescent green floss
RIB: Medium oval silver tinsel
BODY: Black floss
THROAT: Light-blue–dyed hackle
WING: A few strands of chartreuse Krystal Flash under black bear hair covered by yellow-dyed grey squirrel tail for half the length of the black bear hair
CHEEKS: Jungle cock
HEAD: Black

QUEUE : Crête de faisan doré
FERRET : Laminette ovale argentée fine
CUL : Soie floche vert fluorescent
VOILE : Soie floche vert fluorescent jusqu'au milieu de la queue
CÔTES : Laminette ovale argentée moyenne
CORPS : Soie floche noire
GORGE : Selle de coq bleu pâle
AILES : Quelques brins de « Krystal Flash » chartreuse, sous des poils d'ours noir, sous des poils de queue d'écureuil teints jaunes (les poils d'écureuil doivent mesurer les 2/3 de la longueur de l'aile noire)
JOUES : Coq de Sonnerat
TÊTE : Noire

## Lady Jane

Tier | Monteur: Todd Kennedy
Creator | Créateur: Peter Farago

TAG: Fine oval silver tinsel
TIP: Yellow floss
TAIL: Golden pheasant crest
BUTT: Black ostrich herl
RIB: Fine oval silver tinsel
BODY: Green floss
WING: Yellow-dyed grey squirrel tail
COLLAR HACKLE: Black
HEAD: Black

FERRET : Laminette ovale argentée fine
CUL : Soie floche jaune
QUEUE : Crête de faisan doré
FRAISE : Plume d'autruche noire
CÔTES : Laminette ovale argentée fine
CORPS : Soie floche verte
AILES : Poils de queue d'écureuil gris teints jaunes
COLLERETTE : Plume noire
TÊTE : Noire

## Lady Joan

Tier | Monteur: Todd Kennedy
Creator | Créateur: Lee Wulff

TAG: Fine oval gold tinsel
RIB: Fine oval gold tinsel
BODY: Light-orange floss
THROAT: Yellow-dyed hackle
WING: Black bear hair under grey squirrel tail hair
HEAD: Black

FERRET : Laminette ovale dorée fine
CÔTES : Laminette ovale dorée fine
CORPS : Soie floche orange pâle
GORGE : Plume teinte jaune
AILES : Pincée de poils d'ours noir sous une pincée de poils d'écureuil gris
TÊTE : Noire

## Lanctôt (Hairwing Version)

Tier | Monteur: Fernand Grenier
Creator unknown | Créateur inconnu

TAG: Fine oval gold tinsel
TIP: Yellow floss
TAIL: Golden pheasant crest
BUTT: Black ostrich herl
RIB: Fine oval gold tinsel
BODY: Two equal sections: rear half: yellow floss; front half: black seal dubbing
WING: A very spare mixture of red- and blue-dyed calf tail hair covered by a larger bunch of yellow-dyed calf tail hair
COLLAR HACKLE: Yellow-dyed hackle
HEAD: Black

FERRET : Laminette ovale dorée fine
CUL : Soie floche jaune
QUEUE : Crête de faisan doré
FRAISE : Plume d'autruche noire
CÔTES : Laminette ovale dorée fine
CORPS : Première moitié : soie floche jaune; deuxième moitié : bourre de phoque noire
AILES : Poils de queue de veau teints rouges, sous poils de queue de veau teints bleus (très peu), sous poils de queue de veau teints jaunes (plus fournis)
COLLERETTE : Selle de coq teinte jaune
TÊTE : Noire

## Lansdowne Lodger

Tier | Monteur: Todd Kennedy
Creator | Créateur: Todd Kennedy

TAG: Flat silver tinsel
TAIL: Orange-dyed golden pheasant crest
BUTT: Fluorescent orange floss
RIB: Fine oval silver tinsel
BODY: Black floss
WING: Black squirrel tail
COLLAR HACKLE: Orange-dyed hackle
HEAD: Black

FERRET : Lame argentée
CUL : Soie floche teinte orange fluorescent
QUEUE : Crête de faisan doré teinte orange
CÔTES : Laminette ovale argentée fine
CORPS : Soie floche noire
AILES : Poils de queue d'écureuil noirs
COLLERETTE : Plume teinte orange
TÊTE : Noire

## Lavoie

Tier | Monteur: Jacques Héroux
Creator | Créateur: Jean-Marie Lavoie

| | |
|---|---|
| TAG: Fine oval silver tinsel | FERRET : Laminette ovale argentée fine |
| RIB: Fine oval silver tinsel | CÔTES : Laminette ovale argentée fine |
| BODY: Black wool | CORPS : Laine noire |
| WING: Yellow-dyed calf tail | AILES : Poils de queue de veau teints jaunes |
| HEAD: Black | TÊTE : Noire |

## Leech/Green Butt

Tier | Monteur: Fernand Grenier
Creator | Créateur: Fernand Grenier

| | |
|---|---|
| TAG: Fine oval silver tinsel | FERRET : Laminette ovale argentée fine |
| TIP: Neon-green floss | CUL : Soie floche vert néon |
| TAIL: Gold Fibro Fiber | QUEUE : « Fibro Fiber » doré |
| RIB: Oval silver tinsel | CÔTES : Laminette ovale argentée fine |
| BODY: Black floss | CORPS : Soie floche noire |
| WING: Four strands of green Krystal Flash under a strip of black squirrel | AILES : Quatre brins de « Krystal Flash » verts sous une lanière noire d'écureuil |
| COLLAR HACKLE: Long black schlappen hackle | COLLERETTE : Longue plume souple noire (*Schlappen*) |
| CHEEKS: Jungle cock | JOUES : Coq de Sonnerat |
| HEAD: Black | TÊTE : Noire |

## Les Chalets Restigouche

Tier | Monteur: Jacques Héroux
Creator | Créateur: Sébastien Hodgson

| | |
|---|---|
| TAG: Fine oval silver tinsel | FERRET : Laminette ovale argentée fine |
| RIB: Fine oval silver tinsel | CÔTES : Laminette ovale argentée fine |
| BODY: Light-blue holographic Mylar | CORPS : Mylar holographique bleu pâle |
| WING: Strands of pearl Krystal Flash followed by green-dyed deer hair, spun and clipped to form a small head and collar but only on the top of the hook | AILES : Brins de « Krystal Flash » perle, suivis de poils de corps de chevreuil teints verts, tournés, tassés et coupés pour former une petite tête et une collerette seulement sur le dessus de la hampe de l'hameçon. |
| HEAD: Black | TÊTE : Noire |

## Lucas Special Variant

Tier | Monteur: Christopher Sinclair
Creator unknown | Créateur inconnu (variant by | variante de Christopher Sinclair)

TAG: Flat gold tinsel
TAIL: Golden pheasant crest
RIB: Flat silver tinsel
BODY: Chartreuse floss
THROAT: Light-green feather under a dark-green feather
WING: Chartreuse floss veiling under grey squirrel tail hairs
HEAD: One turn of chartreuse micro chenille, followed by black thread

FERRET : Lame dorée
QUEUE : Crête de faisan doré
CÔTES : Lame argentée
CORPS : Soie floche chartreuse
GORGE : Plumes vert pâle sous du vert foncé
AILES : Voile en soie floche vert fluorescent sous des poils de queue d'écureuil gris
TÊTE : Un tour de micro-chenille chartreuse, suivi de fil noir

## Madeleine 2.0

Tier | Monteur: Fernand Grenier
Creator | Créateur: Alain Beaulieu

TAG: Medium flat green Mylar tinsel
RIB: Small green Mylar tinsel
BODY: Black floss or wool
THROAT: Orange-dyed hackle
WING: Black bucktail, under some green Krystal Flash covered by green-dyed bucktail
HEAD: Black

FERRET : Lame Mylar vert moyen
CÔTES : Lame Mylar vert moyen
CORPS : Soie floche noire ou laine noire
GORGE : Selle de coq teinte orange
AILES : Poils de queue de chevreuil teints noirs, sous quelques brins de « Krystal Flash » verts, sous des poils de queue de chevreuil teints verts
TÊTE : Noire

## Maika Blue

Tier | Monteur: Rénald Dufour
Creator | Créateur: Rénald Dufour

TAG: Small silver oval tinsel
TAIL: Blue DNA Holo Fusion
RIB: Silver oval tinsel
BODY: Two equal segments: rear half: embossed silver flat tinsel; front half: silver-blue dubbing
WING: Blue DNA Holo Fusion as underwing, then silver-blue-dyed grey squirrel tail topped with a natural mallard flank feather
COLLAR HACKLE: Silver-blue-dyed silver pheasant feather
CHEEKS: Jungle cock
HEAD: White

FERRET : Laminette ovale argentée fine
QUEUE : « DNA Holo Fusion » bleue
CÔTES : Laminette ovale argentée fine
CORPS : Deux segments égaux : arrière, lame gaufrée argentée; avant, bourre bleu argenté
AILES : « DNA Holo Fusion » bleue comme sous-aile, poils de queue d'écureuil teints bleu argenté, suivis d'une plume naturelle de flanc de colvert
COLLERETTE : Plume de faisan argenté teinte bleu argenté
JOUES : Coq de Sonnerat
TÊTE : Blanche

## Maika Yellow

Tier | Monteur: Rénald Dufour
Creator | Créateur: Dan MacIntosh

TAG: Small dark-green wire or dark-green-coloured oval silver tinsel

TAIL: Chartreuse DNA Holo Fusion

RIB: Small dark-green wire or dark-green-coloured oval silver tinsel

BODY: Two equal segments: rear half: embossed flat gold tinsel; front half: light-green–dyed dubbing

WING: Chartreuse DNA Holo Fusion as underwing, topped with chartreuse-dyed grey squirrel tail and a chartreuse-dyed mallard flank feather

COLLAR HACKLE: Chartreuse-dyed silver pheasant feather

CHEEKS: Jungle cock

HEAD: Chartreuse

FERRET : Fil de fer fin vert foncé ou laminette ovale fine vert foncé

QUEUE : « DNA Holo Fusion » chartreuse

CÔTES : Fil de fer fin vert foncé ou laminette ovale fine vert foncé

CORPS : Deux segments égaux : arrière, lame gaufrée dorée; avant, bourre teinte vert pâle

AILES : « DNA Holo Fusion » chartreuse comme sous-aile, poils de queue d'écureuil teints chartreuse, suivis d'une plume naturelle de flanc de colvert teinte chartreuse

COLLERETTE : Plume de faisan argenté teinte chartreuse

JOUES : Coq de Sonnerat

TÊTE : Chartreuse

## MacIntosh Wet/White Hackle

Tier | Monteur: Christopher Sinclair
Creator unknown | Créateur inconnu

TAIL: Red wool

RIB: Fine oval silver tinsel

BODY: Red wool

WING: Red-dyed squirrel tail

COLLAR HACKLE: White

HEAD: Black

QUEUE : Laine rouge

CÔTES : Laminette ovale argentée fine

CORPS : Laine rouge

AILES : Poils de queue d'écureuil teints roux

COLLERETTE : Blanche

TÊTE : Noire

## Marjack

Tier | Monteur: Jacques Héroux
Creator | Créateur: Marco Bellavance

TAG: Fine oval silver tinsel
TIP: Fluorescent green floss
TAIL: Golden pheasant crest
RIB: Fine oval silver tinsel
BODY: Peacock herl
THROAT: Light blue
WING: Strands of yellow Krystal Flash, over which is yellow-dyed squirrel tail hair topped by fluorescent green–dyed calf tail
CHEEKS: Jungle cock
HEAD: Black

FERRET : Laminette ovale argentée fine
CUL : Soie floche vert fluorescent
QUEUE : Crête de faisan doré
CÔTES : Laminette ovale argentée fine
CORPS : Fibres de paon
GORGE : Bleu pâle
AILES : Brins de « Krystal Flash » jaunes sous une pincée de poils de queue d'écureuil teints jaunes et sous une petite pincée de poils de veau teints vert fluorescent
JOUES : Coq de Sonnerat
TÊTE : Noire

## Midnight

Tier | Monteur: Todd Kennedy
Creator | Créateur: Marc Pontbriand

TAIL: Pheasant rump
BODY: Medium oval silver tinsel
WING: Black bear hair
COLLAR HACKLE: Black hackle
HEAD: Black

QUEUE : Croupe de faisan
CORPS : Laminette ovale argentée médium
AILES : Poils d'ours noir
COLLERETTE : Plume noire
TÊTE : Noire

## Mighty Bryson

Tier | Monteur: Todd Kennedy
Creator | Créateur: Bill Bryson

TAG: Flat copper tinsel
TAIL: Yellow-dyed hackle
RIB: Flat copper tinsel
BODY: Black floss
WING: Black squirrel tail
COLLAR HACKLE: Yellow-dyed hackle
HEAD: Black

FERRET : Lame cuivrée
QUEUE : Plumes teintes jaunes
CÔTES : Lame cuivrée
CORPS : Soie floche noire
AILES : Poils de queue d'écureuil noirs
COLLERETTE : Plume jaune
TÊTE : Noire

## Minister's Dog

Tier | Monteur: Jacques Héroux
Creator | Créateur: Jimmy Wright

TAG: Fine oval silver tinsel
TIP: Yellow floss
TAIL: Golden pheasant crest
RIB: Fine oval silver tinsel
BODY: Black floss
WING: Yellow- and red-dyed bucktail
COLLAR HACKLE: Light blue
HEAD: Black

FERRET : Laminette ovale argentée fine
CUL : Soie floche jaune
QUEUE : Crête de faisan doré
CÔTES : Laminette ovale argentée fine
CORPS : Soie floche noire
AILES : Poils de queue de chevreuil teints jaunes et rouges
COLLERETTE : Bleu pâle
TÊTE : Noire

## Mouche du pendu

Tier | Monteur: Jacques Héroux
Creator | Créateur: Ovila Lefrançois

TAG: Fine oval silver tinsel
TAIL: Grizzly hackle
RIB: Fine oval silver tinsel
BODY: Burgundy wool
WING: One strand of burgundy wool followed by red
    squirrel tail
COLLAR HACKLE: Grizzly
HEAD: Black

FERRET : Laminette ovale argentée fine
QUEUE : Plume de coq grizzly
CÔTES : Laminette ovale argentée fine
CORPS : Laine bourgogne
AILES : Petit brin de laine bourgogne, suivi de poils de
    queue d'écureuil roux
COLLERETTE : Grizzly
TÊTE : Noire

## Mouche ver d'eau

Tier | Monteur: Jacques Héroux
Creator | Créateur: Jean Gradel

TAG: Fine oval silver tinsel
TAIL: One strand of olive wool over a grizzly hackle
RIB: Fine oval silver tinsel
BODY: Olive wool
THROAT: Grizzly
WING: One strand of olive wool under yellow-dyed
    squirrel tail
CHEEKS: Jungle cock
HEAD: Black

FERRET : Laminette ovale argentée fine
QUEUE : Plume de coq grizzly sous une petite laine vert
    olive
CÔTES : Laminette ovale argentée fine
CORPS : Laine vert olive
GORGE : Grizzly
AILES : Poils de queue d'écureuil teints jaunes sur un petit
    morceau de laine vert olive
JOUES : Coq de Sonnerat
TÊTE : Noire

## Muddler/Black and Aqua
Tier | Monteur: Rénald Dufour
Creator | Créateur: Rénald Dufour

TAG: Small oval silver tinsel

TAIL: Blue-dyed silver pheasant feather fibres

BUTT: Flat blue holographic tinsel

RIB: Flat pearl tinsel

BODY: Peacock herl

WING: Pearl Blue Krystal Flash covered by natural moose hair

COLLAR HACKLE: Mix of aqua- and black-dyed deer body hair, spun and clipped to form a head and collar

HEAD: Black

FERRET : Laminette ovale argentée fine

QUEUE : Fibres de plumes de faisan argenté teintes bleues

CUL : Lame holographique bleue

CÔTES : Lame perle

CORPS : Fibres de paon

AILES : « Krystal Flash » bleu perle, suivi de poils d'orignal naturels

COLLERETTE : Poils mélangés de corps de chevreuil teints aqua et noirs, tournés, tassés et coupés pour former une collerette et une tête

TÊTE : Noire

## Muddler Sunset | Coucher de soleil
Tier | Monteur: Rénald Dufour
Creator | Créateur: Rénald Dufour

TAG: Small silver oval tinsel

TAIL: Natural red squirrel tail hair

RIB: Oval copper tinsel

BODY: Two sections: back quarter: pumpkin floss; front three-quarters: embossed copper tinsel

WING: Natural red squirrel tail hair with one strand of gold Krinkle Mirror Flash on each side

COLLAR HACKLE: Mix of orange- and brown-dyed deer body hair, spun and clipped to form a head and collar

HEAD: Black

FERRET : Laminette ovale argentée fine

QUEUE : Poils de queue d'écureuil naturels

CÔTES : Laminette ovale cuivrée

CORPS : Deux segments : arrière (1/4), soie floche citrouille; avant (3/4), lame gaufrée cuivrée

AILES : Poils de queue d'écureuil roux, avec un brin de « Krinkle Mirror Flash » doré de chaque côté

COLLERETTE : Poils mélangés de corps de chevreuils teints orange et bruns, tournés, tassés et coupés pour former une collerette et une tête

TÊTE : Noire

## N.L. Editor
Tier | Monteur: Christopher Sinclair
Creator | Créateur: Christopher Sinclair

TAG: Chartreuse floss

RIB: Chartreuse floss

BODY: Pearl Mylar tinsel

THROAT: Silver Doctor Blue hackle

WING: Black moose hair under a few strands of Peacock Black Krinkle Mirror Flash

HEAD: Red

FERRET : Soie floche chartreuse

CÔTES : Soie floche chartreuse

CORPS : Lame perle

GORGE : Bleu « silver doctor »

AILES : Poils d'orignal sous quelques brins de « Peacock Krinkle Mirror Flash »

TÊTE : Rouge

## N.L. Fish Fly

Tier | Monteur: Christopher Sinclair
Creator | Créateur: Basil Vokey

TAG: Flat gold tinsel
TAIL: Red-dyed hackle fibres under white
BUTT: Black ostrich herl
RIB: Flat gold tinsel
BODY: Yellow yarn
THROAT: Blue
WING: Red-dyed calf tail followed by white calf tail
HEAD: Black

FERRET : Lame dorée
QUEUE : Pincée de poils de selle de coq teints rouge sous des poils blancs
CUL : Plume d'autruche noire
CÔTES : Lame dorée
CORPS : Laine jaune
GORGE : Plume bleue
AILES : Poils de queue de veau teints rouges, suivis de blancs
TÊTE : Noire

## N.L. Silver Rat

Tier | Monteur: Christopher Sinclair
Creator | Créateur: Stephen Warren

TIP: Fine oval gold tinsel
TAIL: Golden pheasant tail
RIB: Oval gold tinsel
BODY: Flat Mylar silver tinsel
WING: A mix of white, brown, and black moose hair
COLLAR HACKLE: Grizzly
HEAD: Black

FERRET : Laminette ovale dorée fine
QUEUE : Crête de faisan doré
CÔTES : Laminette ovale dorée fine
CORPS : Lame argentée
AILES : Mélange de poils d'orignal blancs, bruns et blancs
COLLERETTE : Grizzly
TÊTE : Noire

## Naranxeira

Tier | Monteur: Jacques Héroux
Creator | Créateur: Belarmino Martinez

TAG: Fine oval gold tinsel
TIP: Yellow floss
TAIL: Golden pheasant crest followed by a few teal feathers
BUTT: Black ostrich herl
RIB: Fine oval gold tinsel
BODY: Light-orange floss followed by black floss
WING: Grey squirrel tail
COLLAR HACKLE: Light-orange-dyed feather followed by a dun-dyed feather
HEAD: Black

FERRET : Laminette ovale dorée fine
CUL : Soie floche jaune
QUEUE : Crête de faisan doré, suivie d'une pincée de plumes de sarcelle
FRAISE : Plume d'autruche noire
CÔTES : Laminette ovale dorée fine
CORPS : Soie floche orange pâle, suivie de soie floche noire
AILES : Poils de queue d'écureuil gris
COLLERETTE : Plume teinte orange pâle, suivie d'une plume de couleur « Dun »
TÊTE : Noire

## NHL/Go Habs Go

Tier | Monteuse: Lyne Trudeau
Creator | Créatrice: Lyne Trudeau

TAG: Fine oval silver tinsel followed by pearl flat braid
TAIL: Red-dyed marabou feathers
RIB: Medium oval silver tinsel
BODY: Three equal sections of red, white, and royal-blue wool
THROAT: Red-dyed marabou feather
WING: White marabou feather followed by a royal-blue marabou feather and a few strands of small royal-blue Axxel flat tinsel
HEAD: Black

FERRET : Laminette ovale argentée fine, suivie de brins de tresse plate perle
QUEUE : Plumes de marabout teintes rouges
CÔTES : Laminette ovale argentée médium
CORPS : Trois segments égaux : laine rouge, laine blanche et laine bleu royal
GORGE : Plume de marabout teinte rouge
AILES : Plume de marabout blanche, suivie d'une plume de marabout bleue et de quelques brins de flash de petite lame « Axxel » bleu royal
TÊTE : Noire

## NHL/The Bruins

Tier | Monteuse: Lyne Trudeau
Creator | Créatrice: Lyne Trudeau

TAG: Small oval gold tinsel
BODY: Three equal sections of yellow yarn, black yarn, and yellow yarn
THROAT: Black hackle
WING: Black bear hair
COLLAR HACKLE: Yellow-dyed hackle
HEAD: Black

FERRET : Laminette ovale dorée fine
CORPS : Trois segments égaux : laine jaune, noire et jaune
GORGE : Noire
AILES : Poils d'ours noir
COLLERETTE : Plume teinte jaune
TÊTE : Noire

## NHL/The Canucks

Tier | Monteur: Jacques Héroux
Creator | Créateur: Jacques Héroux

TAG: Fine oval silver tinsel
TIP: Grey floss
TAIL: Golden pheasant crest
RIB: Fine oval silver tinsel
BODY: Dark-blue floss
THROAT: Blue-dyed guinea fowl
WING: Black bear hair
HEAD: Black

FERRET : Laminette ovale argentée fine
CUL : Soie floche grise
QUEUE : Crête de faisan doré
CÔTES : Laminette ovale argentée fine
CORPS : Soie floche bleu foncé
GORGE : Poils de pintade teints bleus
AILES : Poils d'ours noir
TÊTE : Noire

## NHL/The Flames

Tier | Monteur: Jacques Héroux
Creator | Créateur: Jacques Héroux

TAG: Fine oval gold tinsel
TIP: Yellow floss
TAIL: Red-dyed golden pheasant crest
BUTT: Black ostrich herl
RIB: Fine oval gold tinsel
BODY: Red floss
THROAT: Yellow
WING: Black bear hair
HEAD: Red

FERRET : Laminette ovale dorée fine
CUL : Soie floche jaune
QUEUE : Crête de faisan doré teinte rouge
FRAISE : Plume d'autruche noire
CÔTES : Laminette ovale dorée fine
CORPS : Soie floche rouge
GORGE : Jaune
AILES : Poils d'ours noir
TÊTE : Rouge

## NHL/The Jets

Tier | Monteur: Jacques Héroux
Creator | Créateur: Jacques Héroux

TAG: Fine oval silver tinsel
TIP: Red floss
TAIL: Red-dyed golden pheasant crest
BUTT: Black ostrich herl
RIB: Fine oval silver tinsel
BODY: Grey floss
THROAT: Red
WING: Dark-blue-dyed calf tail
HEAD: Black

FERRET : Laminette ovale argentée fine
CUL : Soie floche rouge
QUEUE : Crête de faisan doré teinte rouge
FRAISE : Plume d'autruche noire
CÔTES : Laminette ovale argentée fine
CORPS : Soie floche grise
GORGE : Rouge
AILES : Poils de queue de veau teints bleu foncé
TÊTE : Noire

## NHL/The Maple Leafs

Tier | Monteuse: Lyne Trudeau
Creator | Créatrice: Lyne Trudeau

TAG: Fine oval silver tinsel
TAIL: Blue-dyed marabou feather
RIB: Flat silver tinsel
BODY: Navy blue yarn
THROAT: White hackle
WING: Small royal-blue Axxel flat tinsel followed with a
   dark-blue-dyed marabou feather
HEAD: Black

FERRET : Laminette ovale argentée fine
QUEUE : Plume de marabout teinte bleue
CÔTES : Lame argentée
CORPS : Laine bleu marine
GORGE : Plume blanche
AILES : Petites lames « Axxel » bleu royal, suivies d'une
   plume de marabout teinte bleu foncé
TÊTE : Noire

## NHL/The Oilers

Tier | Monteur: Jacques Héroux
Creator | Créateur: Jacques Héroux

TAG: Fine oval silver tinsel
TIP: Orange floss
TAIL: Golden pheasant crest
BUTT: Black ostrich herl
RIB: Fine oval silver tinsel
BODY: Dark blue floss
THROAT: Orange
WING: White calf tail over blue Krystal Flash
HEAD: Black

FERRET : Laminette ovale argentée fine
CUL : Soie floche orange
QUEUE : Crête de faisan doré
FRAISE : Plume d'autruche noire
CÔTES : Laminette ovale argentée fine
CORPS : Soie floche bleu foncé
GORGE : Orange
AILES : Brins de « Krystal Flash » bleu foncé, suivis de poils blancs de queue de veau
TÊTE : Noire

## Nighthawk

Tier | Monteur: Jacques Héroux
Creator | Créateur: Stanford White

TAG: Fine oval silver tinsel
TIP: Yellow floss
TAIL: Golden pheasant crest covered by blue hackle fibres
BUTT: Red wool
RIB: Fine oval silver tinsel
BODY: Flat silver tinsel
THROAT: Black
WING: Black bear hair
CHEEKS: Small blue-dyed hackle
HEAD: Red

FERRET : Laminette ovale argentée fine
CUL : Soie floche jaune
QUEUE : Crête de faisan doré et pincée de poils de selle de coq bleus
FRAISE : Laine rouge
CÔTES : Laminette ovale argentée fine
CORPS : Lame argentée
GORGE : Noire
AILES : Poils d'ours noir
JOUES : Pincée de poils de selle de coq teints bleus
TÊTE : Rouge

## Ô Canada

Tier | Monteur: Jacques Héroux
Creator | Créateur: Jacques Héroux

TAG: Fine oval gold tinsel
TIP: Golden-yellow floss
TAIL: Red-dyed golden pheasant crest
BUTT: Black ostrich herl
RIB: Ten turns of fine oval gold tinsel
BODY: Royal-blue floss
THROAT: Dark green
WING: White calf tail, followed by blue and pearl Krystal
   Flash and covered by red-dyed calf tail hair
HEAD: Red with three turns of fine oval silver tinsel

FERRET : Laminette ovale dorée fine
CUL : Soie floche jaune or
QUEUE : Crête de faisan doré teinte rouge
FRAISE : Plume d'autruche noire
CÔTES : Dix tours de laminette ovale dorée fine
CORPS : Soie floche bleu royal
GORGE : Vert foncé
AILES : Poils blancs de queue de veau, suivis de brins de
   « Krystal Flash » bleu et perle, puis de poils de queue de
   veau teints rouges
TÊTE : Rouge avec trois tours d'une laminette argentée
   fine

## Orange Charm

Tier | Monteur: Jacques Héroux
Creator unknown | Créateur inconnu

TAG: Fine oval silver tinsel
TIP: Yellow floss
RIB: Fine oval silver tinsel
BODY: Black wool or floss
WING: Red squirrel tail
COLLAR HACKLE: Orange
HEAD: Black

FERRET : Laminette ovale argentée fine
CUL : Soie floche jaune
CÔTES : Laminette ovale argentée fine
CORPS : Soie floche ou laine noire
AILES : Poils de queue d'écureuil roux
COLLERETTE : Orange
TÊTE : Noire

## Orange Foxy

Tier | Monteur: Todd Kennedy
Creator unknown | Créateur inconnu

TAIL: Orange SemperFlash Krystal
BODY: Orange SemperFlash Krystal
THROAT: Orange SemperFlash Krystal
WING: Grey fox guard hairs
COLLAR HACKLE: Grizzly hackle
HEAD: Fluorescent red

QUEUE : « SemperFlash Krystal » orange
CORPS : « SemperFlash Krystal » orange
GORGE : « SemperFlash Krystal » orange
AILES : Poils de dos de renard gris
COLLERETTE : Plume grizzly
TÊTE : Rouge fluorescent

## Orange Parson (Hairwing Version)

Tier | Monteur: Fernand Grenier
Creator unknown | Créateur inconnu

TAG: Fine oval silver tinsel

TIP: Lilac or light-blue floss

TAIL: Golden pheasant crest and strands of golden pheasant tippets

RIB: Fine oval silver tinsel

BODY: In four equal sections: orange floss, followed by orange-, scarlet-, and fiery-brown seal fur dubbing

HACKLE: Lemon-dyed hackle, palmered forward over three segments of seal dubbing

THROAT: Orange-dyed hackle fibres

WING: Orange-dyed squirrel tail under a golden pheasant crest feather

CHEEKS: A kingfisher feather or a small kingfisher blue–dyed hen hackle tip

HEAD: Black

FERRET : Laminette ovale argentée fine

CUL : Soie floche lilas ou bleu pâle

QUEUE : Crête de faisan doré et fibres de tippets de faisan doré

CÔTES : Laminette ovale argentée fine

CORPS : En quatre sections égales : soie floche orange, suivie de bourre de phoque orange, rouge et « fiery brown »

PALMURE : Selle de coq teinte jaune sur les trois segments de bourre de phoque

GORGE : Fibres de selle de coq orange

AILES : Poils d'écureuil teints orange sous une crête de faisan doré

JOUES : Plume de martin-pêcheur ou pointe de selle de poule teinte de cette couleur

TÊTE : Noire

## Orange Puppy

Tier | Monteur: Jacques Héroux
Creator | Créateur: Reg Nichols

TAG: Flat silver tinsel

TAIL: Orange-dyed hackle fibres

BODY: Black chenille

THROAT: Orange

WING: Grey squirrel tail

HEAD: Light-orange chenille followed by black thread

FERRET : Lame argentée

QUEUE : Fibres de selle de coq teintes orange

CORPS : Chenille noire

GORGE : Orange

AILES: Poils de queue d'écureuil gris

TÊTE : Chenille orange, suivie de fil noir

## Overtaker

Tier | Monteur: Todd Kennedy
Creator unknown | Créateur inconnu

TAG: Fine oval gold tinsel
BUTT: Rear half: fluorescent red floss; front half: fluorescent green floss
BODY: Fluorescent green Semperfli Straggle String micro chenille
WING: Black bear hair
COLLAR HACKLE: Black hackle
HEAD: Red

FERRET : Laminette ovale dorée fine
CUL : Soie floche rouge fluorescent, suivie de soie floche vert fluorescent
CORPS : Micro chenille « Semperfli Straggle String » vert fluorescent
AILES : Poils d'ours noir
COLLERETTE : Plume noire
TÊTE : Noire

## Peaches & Cream

Tier | Monteur: Jacques Héroux
Creator | Créateur: Jim Murray

TAG: Fine oval silver tinsel
TAIL: Fluorescent orange floss
RIB: Fine oval silver tinsel
BODY: Fluorescent orange floss
WING: Black squirrel tail or black bear hair over orange Krystal Flash
COLLAR HACKLE: Yellow
HEAD: Red

FERRET : Laminette ovale argentée fine
QUEUE : Soie floche orange fluorescent
CÔTES : Laminette ovale argentée fine
CORPS : Soie floche orange fluorescent
AILES : Poils d'ours noir ou de queue d'écureuil noirs sur des brins de « Krystal Flash » orange
COLLERETTE : Jaune
TÊTE : Rouge

## Phatakorva

Tier | Monteur: Todd Kennedy
Creator unknown | Créateur inconnu

TAG: Orange floss
TAIL: Burnt-orange–dyed ice dubbing
RIB: Fine oval silver tinsel followed by orange-dyed grizzly saddle hackle
BODY: Flat braid gold tinsel
WING: Long burnt-orange Temple Dog followed by strands of copper Krystal Flash and peacock herl
COLLAR HACKLE: Black hackle
CHEEKS: Jungle cock
HEAD: Black

FERRET : Soie floche orange
QUEUE : « Ice Dubbing » orange brûlé
CÔTES : « Hackle Grizzly » orange, suivi d'une laminette ovale argentée fine
CORPS : Tresse plate dorée
AILES : Long « Temple Dog » orange brûlé, suivi de brins de « Krystal Flash » cuivrés et de brins de fibres de paon
COLLERETTE : Plume noire
JOUES : Coq de Sonnerat
TÊTE : Noire

## Pogonie

Tier | Monteur: Todd Kennedy
Creator unknown | Créateur inconnu

TAG: Fine oval silver tinsel
TAIL: Chartreuse Krystal Flash
RIB: Fine oval silver tinsel
BODY: Chartreuse floss
WING: Black squirrel tail
COLLAR HACKLE: Chartreuse-dyed hackle
HEAD: Black

FERRET : Laminette ovale argentée fine
QUEUE : Brins de « Krystal Flash » chartreuse
CÔTES : Laminette ovale argentée fine
CORPS : Soie floche chartreuse
AILES : Poils d'écureuil noirs
COLLERETTE : Selle de coq teinte chartreuse
TÊTE : Noire

## Polish Chief

Tier | Monteur: Todd Kennedy
Creator unknown | Créateur inconnu

TAG: Flat silver tinsel
TAIL: Rust-orange-dyed calf tail
RIB: Flat silver tinsel
BODY: Orange floss
WING: Rust-orange-dyed calf tail, tied in the centre and front, with copper SemperFlash Krystal and a golden pheasant tippet mid-wing
HEAD: Red

FERRET : Lame argentée
QUEUE : Poils de queue de veau teints orange brûlé
CÔTES : Lame argentée
CORPS : Soie floche orange
AILES : Poils de queue de veau teints orange brûlé montés au centre du corps et en avant, suivis de « SemperFlash Krystal » cuivré et d'une plume de tippet de faisan doré montée à mi-aile
TÊTE : Rouge

## Possum Special

Tier | Monteuse: Lyne Trudeau
Creator | Créateur: Bryan Russel

TAG: Light-blue holographic Mylar
TAIL: Green-dyed nayat goat hair or polar bear hair
RIB: Small silver soft wire
BODY: Chartreuse holographic Mylar
THROAT: Green-dyed nayat goat hair or polar bear hair
WING: Blue-dyed nayat goat hair followed by black-dyed nayat goat hair and green-dyed nayat goat hair, all covered by strands of light-blue Krystal Flash
HEAD: Black with green nail polish

FERRET : Mylar holographique bleu pâle
QUEUE : Poils de chèvre Nayat teints verts ou poils d'ours polaire verts
CÔTES : Petit fil métallique argenté
CORPS : Mylar holographique couleur chartreuse
GORGE : Poils de chèvre Nayat teints verts ou poils d'ours polaire verts
AILES : Poils de chèvre Nayat teints bleus, suivis de poils de chèvre Nayat teints noirs et de poils de chèvre Nayat teints verts, le tout recouvert de brins de « Krystal Flash » bleu pâle
TÊTE : Noire recouverte avec vernis à ongles vert

## Purple Fly Variant

Tier | Monteuse: Lyne Trudeau
Creator unknown | Créateur inconnu (variant by | variante de
Lyne Trudeau)

TAG: Fine oval copper tinsel

TAIL: Peacock swords

RIB: Medium oval copper tinsel

BODY: Flat braid copper tinsel

WING: Strands of pearl Krystal Flash followed with one or
two purple-dyed marabou feathers

COLLAR HACKLE: Black rooster tail

CHEEKS: Long jungle cock

HEAD: Black

FERRET : Laminette ovale cuivrée fine

QUEUE : Fibres de sabres de paon

CÔTES : Laminette ovale cuivrée médium

CORPS : Lame tressée orange cuivrée

AILES : Brins de « Krystal Flash » perle, suivis d'une ou
deux plumes de marabout teintes pourpres

COLLERETTE : Plume noire

JOUES : Longue plume de coq de Sonnerat

TÊTE : Noire

## Purple Rain

Tier | Monteur: Jacques Héroux
Creator | Créateur: Sébastien Hodgson

TAG: Fine oval silver tinsel

TIP: Yellow floss

TAIL: Purple-dyed golden pheasant crest

RIB: Fine oval silver tinsel

BODY: Purple floss

THROAT: Purple

WING: Strands of purple Krystal Flash followed by brown
calf tail

HEAD: Black

FERRET : Laminette ovale argentée fine

CUL : Soie floche jaune

QUEUE : Crête de faisan doré teinte violet

CÔTES : Laminette ovale argentée fine

CORPS : Soie floche violet

GORGE : Violet

AILES : Brins de « Krystal Flash » violets sous poils de
queue de veau bruns

TÊTE : Noire

## Purple Sky | Ciel violet
Tier | Monteur: Rénald Dufour
Creator | Créateur: Rénald Dufour

TAG: Small oval silver tinsel

BUTT: Small orange holographic tinsel

TAIL: Green-dyed golden pheasant crest topped with peacock swords

RIB: Oval silver tinsel

BODY: Green holographic tinsel covered with pearl tinsel

THROAT: Peacock swords

WING: Two strands of green Krystal Flash topped with purple-dyed grey squirrel tail hairs

COLLAR HACKLE: Purple

CHEEKS: Jungle cock

HEAD: Purple Flashabou

FERRET : Laminette ovale argentée fine

CUL : Petite laminette holographique orange

QUEUE : Crête de faisan doré teinte verte, suivie de fibres de sabres de paon

CÔTES : Laminette ovale argentée fine

CORPS : Lame holographique verte, suivie de lame perle

GORGE : Fibres de sabres de paon

AILES : Deux brins de « Krystal Flash » verts, suivis de poils de queue d'écureuil teints mauves

COLLERETTE : Mauve

JOUES : Coq de Sonnerat

TÊTE : « Flashabou » mauve

## Purple Valour | Bravoure
Tier | Monteur: Rénald Dufour
Creator | Créateur: Rénald Dufour

TAG: Small purple wire or oval tinsel coloured purple with a Sharpie marker

RIB: Small pink wire or oval tinsel coloured pink with a Sharpie marker, with purple holographic flat tinsel in front

BODY: Black floss

WING: Light purple–dyed bucktail covered with Emerald Rainbow Polarflash fibres and topped with black marabou feather fibres

COLLAR Purple-dyed silver pheasant feather fibres

CHEEKS: Jungle cock

HEAD: Purple

FERRET : Petit fil de fer mauve ou laminette ovale mauve marquée avec un marqueur permanent

CÔTES : Petit fil de fer rose ou laminette ovale rose marquée avec un marqueur permanent et, en avant, lame mauve holographique

CORPS : Soie floche noire

AILES : Poils de queue de chevreuil teints mauves, suivis de fibres de « Polarflash » « Emeraude Rainbow » et de plumes de marabout teintes noires

COLLERETTE : Poils de corps de faisan doré teints mauves

JOUES : Coq de Sonnerat

TÊTE : Mauve

## RBPL (Red Butt Pass Lake)

Tier | Monteur: Christopher Sinclair
Creator | Créateur: Christopher Sinclair

TAG: Flat silver tinsel

TAIL: Red-dyed golden pheasant breast

BUTT: Chinese red yarn

BODY: Five strands of black ostrich fibres, corded and wrapped

THROAT: Three turns of golden pheasant breast feathers and two turns of brown hackle, tied as a collar hackle under the wing

WING: White calf tail

HEAD: Black

FERRET : Lame argentée

QUEUE : Pincée de poils de corps de faisan doré teints rouges

CUL : Laine rouge

CORPS : Cinq fibres de paon montées sur une corde et enroulées

GORGE : Trois tours de plumes de corps de faisan doré et deux tours de plumes brunes montées en collerette sous l'aile

AILES : Poils de queue de veau blancs

TÊTE : Noire

## Ray's Fancy

Tier | Monteur: Rénald Dufour
Creator | Créateur: Rénald Dufour

TAG: Small silver oval tinsel

BUTT: Pink floss

TAIL: Peacock swords

RIB: Silver oval tinsel

BODY: Green Highlander–dyed dubbing

WING: Chartreuse Krystal Flash strands covered with grey fox hair

COLLAR HACKLE: Chartreuse-dyed silver pheasant neck or saddle hackle

CHEEKS: Jungle cock

HEAD: Chartreuse Flashabou

FERRET : Laminette ovale argentée fine

CUL : Soie floche rose

QUEUE : Fibres de sabres de paon

CÔTES : Laminette ovale argentée fine

CORPS : Bourre vert « Highlander »

AILES : Brins de « Krystal Flash », suivis de poils de dos de renard gris

COLLERETTE : Plume de cou de faisan argenté ou de selle de coq teinte chartreuse

JOUES : Coq de Sonnerat

TÊTE : « Flashabou » chartreuse

## River Philip Copper

Tier | Monteur: Todd Kennedy
Creator unknown | Créateur inconnu

BODY: Flat braid copper tinsel
THROAT: Orange-dyed bucktail
WING: Copper Krystal Flash under orange-dyed bucktail
HEAD: Black

CORPS : Tresse plate cuivrée
GORGE : Poils de queue de chevreuil teints orange
AILES : « Krystal Flash » cuivré sous des poils de queue de chevreuil teints orange
TÊTE : Noire

## Royal Charm

Tier | Monteur: Fernand Grenier
Creator | Créateur: Peter Farago

TAG: Small oval gold tinsel
TIP: Fluorescent green floss
TAIL: Golden pheasant crest
BUTT: Black ostrich herl
RIB: Small oval gold tinsel
BODY: Royal-blue floss
WING: Golden pheasant tippets under grey squirrel tail
COLLAR HACKLE: Bright kingfisher-blue–dyed cock
HEAD: Black

FERRET : Laminette ovale dorée fine
CUL : Nylon stretch vert fluorescent
QUEUE : Crête de faisan doré
FRAISE : Plume d'autruche noire
CÔTES : Laminette ovale dorée
CORPS : Soie floche bleu royal
AILES : Tippets de faisan doré sous poils d'écureuil gris
COLLERETTE : Selle de coq teinte bleu martin-pêcheur
TÊTE : Noire

## Sabian

Tier | Monteur: Jacques Héroux
Creator | Créateur: Jacques Héroux

TAG: Fine oval gold tinsel
TIP: Red floss
TAIL: Golden pheasant crest
BUTT: Black ostrich herl
RIB: Medium oval gold tinsel
BODY: Flat copper tinsel
THROAT: Light brown
WING: Strands of copper Krystal Flash under black bear hair
HEAD: Black

FERRET : Laminette ovale dorée fine
CUL : Soie floche rouge
QUEUE : Crête de faisan doré
FRAISE : Plume d'autruche noire
CÔTES : Laminette ovale dorée moyenne
CORPS : Lame cuivrée
GORGE : Brun pâle
AILES : Brins de « Krystal Flash » cuivré, suivis de poils d'ours noir
TÊTE : Noire

## Sara's Touch

Tier | Monteur: Jacques Héroux
Creator | Créateur: Reg Woods and/et Ian Cavanagh

TAG: Fine oval silver tinsel

TIP: Bright-yellow floss

TAIL: Golden pheasant crest followed by red-dyed hackle tips

BUTT: Black ostrich herl

RIB: Fine oval silver tinsel

BODY: Two segments: rear quarter: Soldier Blue floss; front three-quarters: black seal dubbing

THROAT: Green- and yellow-dyed hen hackle

WING: Lime-green Krystal Flash, followed by black bear hair

HEAD: Black

FERRET : Laminette ovale argentée fine

CUL : Soie floche jaune

QUEUE : Crête de faisan doré, suivie d'une petite pincée de plumes teintes rouges

FRAISE : Plume d'autruche noire

CÔTES : Laminette ovale argentée fine

CORPS : Deux segments : arrière (¼), soie floche bleu marine; avant (¾), bourre de phoque noire

GORGE : Plume verte, suivie d'une plume teinte jaune

AILES : Brins de « Krystal Flash » vert lime, suivis de poils d'ours noir

TÊTE : Noire

## Séductrice

Tier | Monteur: Fernand Grenier
Creator | Créateur: Claude Bédard

TAG: Fine oval gold tinsel

TIP: Fluorescent green floss

TAIL: Peacock sword fibres

BUTT: Black ostrich herl

RIB: Fine oval gold tinsel

BODY: Several strands of light-green Krystal Hair, wrapped together

THROAT: Yellow-dyed guinea fowl

WING: Green-dyed bucktail covered by a larger bunch of fluorescent yellow–dyed bucktail under peacock herl fibres

CHEEKS: Jungle cock, half the body length

HEAD: Black

FERRET : Laminette ovale dorée fine

CUL : Soie floche vert fluorescent

QUEUE : Fibres de sabres de paon

FRAISE : Plume d'autruche noire

CÔTES : Laminette ovale dorée fine

CORPS : Plusieurs brins de « Krystal Hair » vert pâle, tournés ensemble

GORGE : Plume de poule de Guinée teinte jaune

AILES : Poils de queue de chevreuil teints verts, sous une plus grosse pincée de poils de queue de chevreuil teints jaune fluorescent, sous quelques fibres de paon

JOUES : Coq de Sonnerat

TÊTE : Noire

## Sergei Collinski

Tier | Monteur: Jacques Héroux
Creators | Créateurs: Serge Collin and/et Jacques Héroux

TAG: Flat silver tinsel
TAIL: Golden pheasant crest
RIB: Fine oval gold tinsel
HACKLE: Yellow
BODY: Orange-dyed seal fur followed by black floss
WING: Strands of orange Krystal Flash followed by orange- and brown-dyed bucktail hair
CHEEKS: Jungle cock
HEAD: Black

FERRET : Lame argentée
QUEUE : Crête de faisan doré
CÔTES : Laminette ovale argentée fine
PALMURE : Jaune dans le corps
CORPS : Bourre de phoque teinte orange, suivie de soie floche noire
AILES : Brins de « Krystal Flash » orange, suivis de poils de queue de chevreuil teints orange et bruns
JOUES : Coq de Sonnerat
TÊTE : Noire

## Shady Lady Traditional

Tier | Monteur: Jacques Héroux
Creator | Créateur: Donald F. Leyden

TAG: Fine oval silver tinsel
TIP: Two segments: rear half: fluorescent green floss; front half: fluorescent red floss
TAIL: Strands of pearl Krystal Flash
HACKLE: Black
BODY: Peacock herl
HEAD: Black

FERRET : Laminette ovale argentée fine
CUL : Soie floche vert fluorescent, suivie de soie floche rouge fluorescent
QUEUE : Brins de « Krystal Flash » perle
PALMURE : Selle de coq noire
CORPS : Fibres de paon
TÊTE : Noire

## Silver C.S.

Tier | Monteur: Christopher Sinclair
Creator | Créateur: Matthew Tucker

TAG: Fine oval silver tinsel
TAIL: Pearl Krystal Flash
RIB: Copper wire
BODY: Flat silver tinsel
THROAT: Light green
WING: Red squirrel tail
HEAD: Black

FERRET : Laminette ovale argentée fine
QUEUE : « Krystal Flash » perle
CÔTES : Fil métallique cuivré
CORPS : Lame argentée
GORGE : Plume vert pâle
AILES : Poils de queue d'écureuil roux
TÊTE : Noire

## Silver Doctor (Hairwing Version)

Tier | Monteur: Fernand Grenier
Creator unknown | Créateur inconnu

TAG: Fine oval silver tinsel

TIP: Golden-yellow floss

TAIL: Golden pheasant crest and a small blue-dyed feather (blue chatterer substitute) over top

BUTT: Red wool

RIB: Fine oval silver tinsel

BODY: Flat silver tinsel

THROAT: A light-blue–dyed hen hackle and widgeon or teal fibres

WING: Tippet strands under a pinch of red-, blue-, and yellow-dyed calf tail under red squirrel tail, topped by golden pheasant

CHEEKS: Grey squirrel tail tip

HEAD: Black

FERRET : Laminette ovale argentée fine

CUL : Soie floche jaune doré

QUEUE : Crête de faisan doré et petite plume teinte bleue au-dessus (« Blue Chatterer »)

FRAISE : Laine rouge

CÔTES : Laminette ovale argentée fine

CORPS : Lame argentée

GORGE : Fibres de selle de poule teintes bleu pâle sous fibres de canard siffleur (widgeon)

AILES : Tippets de faisan doré posés en bande sous poils de queue de veau teints rouges, bleus et jaunes (petite quantité), sous poils d'écureuil roux et une crête de faisan doré au-dessus

JOUES : Pointe de poils de queue d'écureuil gris

TÊTE : Rouge

## Silver Doctor Variant

Tier | Monteur: Jacques Héroux
Creator unknown | Créateur inconnu

TAIL: Sunburst-dyed golden pheasant crest

BUTT: Red thread covered with three coats of varnish

THROAT: Silver Doctor Blue hen hackle

WING: A very small pinch of yellow-, Silver Doctor Blue, and red-dyed bucktail hair

HEAD: Red

QUEUE : Crête de faisan doré teinte jaune orangé

CUL : Fil rouge couvert de trois couches de vernis

GORGE : Plume de selle de coq bleu « silver doctor »

AILES : Très petite pincée de poils de chevreuil teints jaunes, bleu « Silver Doctor » et rouges

TÊTE : Rouge

## Silver Pearl

Tier | Monteur: Christopher Sinclair
Creator | Créateur: Peter Firth

TAG: Fine oval silver tinsel
TAIL: Orange-dyed hackle fibres
RIB: Fine oval silver tinsel
BODY: Two equal segments: Rear half: silver holographic
    tinsel; front half: peacock herl
WING: Black bear hair followed by pearl Krystal Flash
COLLAR HACKLE: Grizzly
CHEEKS: Jungle cock
HEAD: Black

FERRET : Laminette ovale argentée fine
QUEUE : Fibres de selle de coq teintes orange
CÔTES : Laminette ovale argentée fine
CORPS : Lame holographique argentée, suivie de fibres de
    paon
AILES : Poils d'ours noir, suivis de brins de « Krystal Flash »
    perle
COLLERETTE : Grizzly
JOUES : Coq de Sonnerat
TÊTE : Noire

## Silver Satan

Tier | Monteur: Fernand Grenier
Creator | Créateur: Charles Defeo

TAG: Fine oval silver tinsel
TIP: Fluorescent orange floss
TAIL: Golden pheasant crest
BUTT: Bronze-dyed peacock herl
RIB: Oval gold tinsel
BODY: Two segments: rear two-thirds: flat silver tinsel;
    front third: black floss
WING: A small pinch of golden pheasant tippets under
    grey squirrel tail hair
CHEEKS: Short jungle cock
COLLAR HACKLE: Grizzly hackle
HEAD: Red

FERRET : Laminette ovale argentée fine
CUL : Soie floche orange fluorescent
QUEUE : Crête de faisan doré
FRAISE : Fibres de paon teintes bronze
CÔTES : Laminette ovale argentée moyenne
CORPS : Arrière (2/3), lame argentée; avant (1/3), soie
    floche noire
AILES : Fibres de tippets de faisan doré sous des poils
    d'écureuil gris
JOUES : Plume de coq de Sonnerat petite et courte
COLLERETTE : Selle de coq grizzly
TÊTE : Rouge

## Silver Wilkinson

Tier | Monteur: Todd Kennedy
Creator unknown | Créateur inconnu

TAG: Fine oval silver tinsel

TIP: Orange floss

TAIL: Golden pheasant crest covered by blue-dyed hackle fibres

BUTT: Red wool

RIB: Fine oval silver tinsel

BODY: Flat silver tinsel

THROAT: Teal

WING: Pine squirrel tail covered by red-dyed grey squirrel, topped by golden pheasant tippet

COLLAR HACKLE: Magenta-dyed hackle, tied under the wing

HEAD: Black

FERRET : Laminette ovale argentée fine

CUL : Soie floche orange

QUEUE : Crête de faisan doré et pincée de poils de selle de coq teints bleus

FRAISE : Laine rouge

CÔTES : Laminette ovale argentée fine

CORPS : Lame argentée

GORGE : Plume de sarcelle

AILES : Poils de queue d'écureuil des pins, suivis de poils de queue d'écureuil gris teints rouges et tippets de faisan doré sur le dessus

COLLERETTE : Plume teinte magenta montée sous l'aile

TÊTE : Noire

## Sneaky

Tier | Monteur: Todd Kennedy
Creator unknown | Créateur inconnu

TAG: Fine oval gold tinsel

RIB: Fine oval gold tinsel

BODY: Orange floss

WING: Orange-dyed bucktail covered by orange Krystal Flash

CHEEKS: Jungle cock

HEAD: Black

FERRET : Laminette ovale dorée fine

CÔTES : Laminette ovale dorée fine

CORPS : Soie floche orange

AILES : Poils de queue de chevreuil teints orange avec des brins de « Krystal Flash » orange sur le dessus

JOUES : Coq de Sonnerat

TÊTE : Noire

## St. Cascapédia

Tier | Monteur: Fernand Grenier
Creator | Créateur: Claude Bousquet

TAG: Chartreuse Antron wool
TAIL: Chartreuse Antron wool
RIB: Flat turquoise tinsel, over the front third only
BODY: Two segments: rear two-thirds: wrapped turquoise tubing (or flat green tinsel); front third: peacock herl
WING: Black squirrel tail
COLLAR HACKLE: Turquoise-dyed guinea hen
HEAD: Black

CUL : Laine « Antron » chartreuse
QUEUE : Laine « Antron » chartreuse
CÔTES : Lame couleur turquoise sur la partie avant (optionnel lame verte)
CORPS : Arrière (2/3), tube de couleur turquoise (ou lame verte); avant (1/3), fibres de paon
AILES : Poils de queue d'écureuil noirs
COLLERETTE : Plume de pintade teinte turquoise
TÊTE : Noire

## Standard Black

Tier | Monteur: Jacques Héroux
Creator | Créateur: Bill Hunter

TAG: Fine oval silver tinsel
TIP: Golden-yellow floss
TAIL: Golden pheasant crest
BUTT: Fluorescent red wool
RIB: Fine oval silver tinsel
BODY: Black wool or seal fur
THROAT: Silver badger
WING: Black bear hair
CHEEKS: Golden pheasant tippet
HEAD: Black

FERRET : Laminette ovale argentée fine
CUL : Soie floche jaune or
QUEUE : Crête de faisan doré
FRAISE : Laine rouge fluorescent
CÔTES : Laminette ovale argentée fine
CORPS : Laine ou bourre de phoque noire
GORGE : « Badger » argenté
AILES : Poils d'ours noir
JOUES : Tippet de faisan doré
TÊTE : Noire

## Steller's Jay | Geai de Steller

Tier | Monteur: Rénald Dufour
Creator | Créateur: Rénald Dufour

TAG: Small oval silver tinsel

BUTT: Two equal segments: rear half: fluorescent green floss; front half: fluorescent red floss

TAIL: Blue-dyed golden pheasant crest

RIB: Oval silver tinsel

BODY: Blue-dyed ostrich fibres

WING: Blue Pearl Krystal Flash fibres covered by black squirrel hair

COLLAR HACKLE: Black

CHEEKS: Jungle cock

HEAD: Black

FERRET : Laminette ovale argentée fine

CUL : Soie floche vert fluorescent, suivie de soie floche rouge fluorescent

QUEUE : Crête de faisan doré teinte bleue

CÔTES : Laminette ovale argentée fine

CORPS : Fibres d'autruche teintes bleues

AILES : Brins de « Krystal Flash » bleus, suivis de poils d'écureuil noirs

COLLERETTE : Noire

JOUES : Coq de Sonnerat

TÊTE : Noire

## Stewiacke Special

Tier | Monteur: Todd Kennedy
Creator unknown | Créateur inconnu

TAG: Fine oval silver tinsel

RIB: Fine oval silver tinsel

BODY: Green floss

THROAT: Orange-dyed fluff from the base of a hackle or marabou feather

WING: Grey squirrel tail

HEAD: Black

FERRET : Laminette ovale argentée fine

CÔTES : Laminette ovale argentée fine

CORPS : Soie floche verte

GORGE : Duvet teint orange de la base d'une selle de coq ou de marabout

AILES : Poils de queue d'écureuil gris

TÊTE : Noire

## Stonefly Blue Charm

Tier | Monteur: Rénald Dufour
Creator | Créateur: Rénald Dufour

TAG: Small silver oval tinsel
BUTT: Chartreuse floss
TAIL: Golden pheasant crest
RIB: Silver oval tinsel
BODY: Black floss
WING: Grey squirrel tail or grey fox hair with a strand of blue holographic Flashabou or equivalent
COLLAR HACKLE: A plastic or brass pin placed on the shaft of the hook; a Silver Doctor Blue hackle tied parachute-style on the pin
HEAD: Black

FERRET : Laminette ovale argentée fine
CUL : Soie floche chartreuse
QUEUE : Crête de faisan doré
CÔTES : Laminette ovale argentée fine
CORPS : Soie floche noire
AILES : Poils de queue d'écureuil gris, suivis d'un brin de « Flashabou » bleu holographique ou l'équivalent
COLLERETTE : Une cheville droite de plastique ou en laiton placée sur la hampe de l'hameçon; une plume de selle de coq bleu « Silver Doctor » est attachée style « parachute » sur la cheville
TÊTE : Noire

## Stonefly Polar Ice | Glace polaire

Tier | Monteur: Rénald Dufour
Creator | Créateur: Rénald Dufour

TAG: Small oval silver tinsel
BODY: Flat silver holographic tinsel covered by flat pearl tinsel
WING: White polar bear hair with a few strands of pearl Flashabou on each side
COLLAR HACKLE: A plastic or brass pin placed on the shaft of the hook; a silver badger hackle tied parachute-style on the pin
HEAD: White

FERRET : Laminette ovale argentée fine
CORPS : Lame plate argentée holographique sous des lames plates perle
AILES : Poils d'ours polaire blancs, suivis de brins de « Flashabou » perle de chaque côté
COLLERETTE : Une cheville droite en plastique ou en laiton placée sur la hampe de l'hameçon; une plume de selle de couleur « badger » est attachée style « parachute » sur la cheville
TÊTE : Blanche

## Sunburst Picasse

Tier | Monteur: Todd Kennedy
Creator unknown | Créateur inconnu

BODY: Maxima Chameleon, 15lb test
WING: FutureFly sunburst-dyed American opossum
COLLAR HACKLE: Black pheasant rump or substitute followed by silver pheasant
CHEEKS: Jungle cock
HEAD: Black

CORPS : Maxima 15 lb Chameleon
AILES : « FutureFly Sunburst American Opossum »
COLLERETTE : Croupe de faisan teinte noire ou substitut, suivie d'une plume de faisan argenté
JOUES : Coq de Sonnerat
TÊTE : Noire

## Sunray

Tier | Monteur: Todd Kennedy
Creator | Créateur: Ray Brooks

BODY: Pearl Mylar
WING: Grey squirrel tail followed by long black Temple
 Dog, pearl Flashabou, and long peacock herl
CHEEKS: Jungle cock
HEAD: Black

CORPS : Mylar perle
AILES : Poils de queue d'écureuil gris, suivis de longs
 « Temple Dog » noirs, de « Flashabou » perle et de longs
 brins de fibres de paon
JOUES : Coq de Sonnerat
TÊTE : Noire

## Sweeny Todd

Tier | Monteur: Todd Kennedy
Creator unknown | Créateur inconnu

TAG: Fine oval silver tinsel
RIB: Fine oval silver tinsel
BODY: Two equal segments: rear: black floss; front:
 fluorescent pink tinsel
THROAT: Natural or olive-dyed pheasant rump
WING: Black bear hairs
HEAD: Black

FERRET : Laminette ovale argentée fine
CÔTES : Laminette ovale argentée fine
CORPS : Deux segments égaux : arrière, soie floche noire;
 avant, tresse plate rose fluorescent
GORGE : Croupe de faisan naturelle ou teinte olive
AILES : Poils d'ours noir
TÊTE : Noire

## T.S.G. (Troy's Special Green)

Tier | Monteur: Christopher Sinclair
Creator | Créateur: Troy Katela

BODY: Silver Mylar tinsel under chartreuse V-Rib
THROAT: Black hackle
WING: Black bear
CHEEKS: Jungle cock
HEAD: Black

CORPS : Lame argentée sous des « V-Rib » chartreuse
GORGE : Noire
AILES : Poils d'ours noir
JOUES : Coq de Sonnerat
TÊTE : Noire

## Tempête

Tier | Monteur: Fernand Grenier
Creator | Créateur: Yvon Gendron

TAG: Fine oval silver tinsel
TAIL: A loop of chartreuse Krystal Flash
BUTT: Black hackle
RIB: Fine oval silver tinsel
BODY: Chartreuse Krystal Flash
WING: Red-dyed turkey or goose
COLLAR HACKLE: Black hackle
CHEEKS: Jungle cock
HEAD: Black

FERRET : Laminette ovale argentée fine
QUEUE : Cinq brins de « Krystal Flash » chartreuse en boucle
FRAISE : Fibres de selle de poule noires
CÔTES : Laminette ovale argentée fine
CORPS : « Krystal Flash » chartreuse
AILES : Section de queues de dinde ou d'oie teintes rouge
COLLERETTE : Selle de coq noir (posée devant l'aile)
JOUES : Coq de Sonnerat (optionnel)
TÊTE : Noire

## Torrish Yellow (Hairwing Version)

Tier | Monteur: Fernand Grenier
Creator unknown | Créateur inconnu

TAG: Flat silver tinsel
TIP: Yellow floss
TAIL: Golden pheasant crest topped by orange-red-dyed hackle fibres
BUTT: Black ostrich herl
BODY: Two equal segments: rear half: medium oval silver tinsel veiled top and bottom by a small orange-red–dyed hen hackle and the centre joint of a black ostrich feather; front half: oval silver tinsel ribbed with fine oval silver tinsel
HACKLE: Yellow-dyed hackle, palmered in the front section of the body
THROAT: Yellow-dyed hackle
WING: Yellow-dyed squirrel tail under golden pheasant crest
CHEEKS: Jungle cock
HEAD: Black

FERRET : Lame argentée
CUL : Soie floche jaune doré
QUEUE : Crête de faisan doré sous quelques fibres de selle de coq teintes rouges
FRAISE : Plume d'autruche noire
CORPS : Moitié arrière, laminette ovale argentée médium voilée par des pointes de selle de coq rouges, le tout joint au centre par de l'autruche noire; moitié avant, laminette ovale argentée médium avec une côte de laminette ovale argentée fine
PALMURE : Selle de coq teinte jaune sur la partie avant
GORGE : Selle de poule teinte jaune
AILES : Poils de queue d'écureuil teints jaunes sous une crête de faisan doré
JOUES : Coq de Sonnerat
TÊTE : Noire

## Ungava

Tier | Monteur: Fernand Grenier
Creator | Créateur: André Bellemare

TAG: Fine oval silver tinsel
TAIL: Golden pheasant crest
RIB: Medium oval silver tinsel
BODY: Dark (indigo) floss
WING: White polar bear hair or substitute
COLLAR HACKLE: Bright-yellow–dyed hen hackle
HEAD: Black

FERRET : Laminette ovale argentée fine
QUEUE : Crête de faisan doré
CÔTES : Laminette ovale argentée moyenne
CORPS : Soie floche bleu indigo foncé
AILES : Poils d'ours polaire blancs ou substitut
COLLERETTE : Selle de coq teinte jaune brillant
TÊTE : Noire

## Upsalquitch Special

Tier | Monteur: Fernand Grenier
Creator | Créateur: Evangeline Firth

TAG: Flat silver tinsel
TAIL: A pair of red-dyed goose quill segments
RIB: Fine oval silver tinsel
BODY: Flat silver tinsel
WING: Black squirrel tail
COLLAR HACKLE: Yellow-dyed hackle
HEAD: Black

FERRET : Lame argentée
QUEUE : Sections d'épaule d'oie rouges
CÔTES : Laminette ovale argentée fine
CORPS : Lame argentée
AILES : Poils d'écureuil noirs
COLLERETTE : Selle de coq teinte jaune
TÊTE : Noire

## Virginia | Virginie

Tier | Monteur: Rénald Dufour
Creator | Créateur: Rénald Dufour

TAG: Fine silver oval tinsel
BUTT: Green mini flatbraid
BODY: Ghost body braid, green and white
WING: Krystal Flash root beer with covered by ginger-dyed marabou fibres
COLLAR HACKLE: Spun tan-dyed deer body hair, clipped to form a head and collar
HEAD: Black

FERRET : Laminette ovale argentée fine
CUL : Mini tresse plate verte
CORPS : « Ghost Body Braid » vert et blanc
AILES : Brins de « Krystal Flash » racinette, suivis de fibres de marabout teintes gingembre
COLLERETTE : Poils de corps de chevreuil teints brun pâle, tournés, tassés et coupés pour former une collerette et une tête
TÊTE : Noire

## Watch Out Variation

Tier | Monteuse: Lyne Trudeau
Creator | Créateur: Daniel Duval (variant by | variante de Lyne Trudeau)

TAG: Fine oval silver tinsel

BUTT: Fluorescent hot-orange floss veiled with the same floss

TAIL: Strands of fire-orange Krystal Flash

BODY: Three sections, alternating: peacock and orange floss; peacock gradually broader; then veiled fluorescent orange floss and a few strands of fluorescent fire-orange Krystal Flash

THROAT: Black heron or substitute

WING: Black bear hair under black-dyed goose shoulder

COLLAR HACKLE: Fluorescent fire-orange-dyed barred mallard feather

HEAD: Black

FERRET : Laminette ovale argentée fine

CUL : Soie floche orange vif voilée par la même soie

QUEUE : « Krystal Flash » orange vif

CORPS : En alternance, fibres de paon enroulées en trois bandes progressivement plus larges et soie floche orange enroulée aussi en trois bandes progressivement plus larges, chacune prolongée par une voilure de soie floche orange vif et quelques brins de « Krystal Flash » orange vif

GORGE : Plume de héron teinte noire ou substitut

AILES : Poils d'ours noir flanqués de franges de plumes d'épaule d'oie noires

COLLERETTE : Plume de colvert teinte orange vif fluorescent

TÊTE : Noire

## Whale River Rat

Tier | Monteur: Fernand Grenier
Creator | Créateur: Ted Godfrey

TAIL: Peacock herl tips

BODY: Peacock herl

WING: Grey squirrel tail

COLLAR HACKLE: Grizzly hen hackle

HEAD: Black

QUEUE : Fibres de paon

CORPS : Fibres de paon

AILES : Poils de queue d'écureuil gris

COLLERETTE : Selle de poule grizzly

TÊTE : Noire

## Wool Sock

Tier | Monteur: Jacques Héroux
Creator unknown | Créateur inconnu

TAG: Red-dyed seal fur or red wool
TAIL: Brown feather tied as a collar
BODY: Black seal fur or black wool, divided by a brown feather tied as a collar
COLLAR HACKLE: Brown
HEAD: Black

CUL : Bourre de phoque ou laine rouge
QUEUE : Collerette de selle de coq brune
CORPS : Bourre de phoque ou laine noire séparée par une collerette de selle de coq brune
COLLERETTE : Selle de coq brune
TÊTE : Noire

## Yellow Hammer

Tier | Monteur: Jacques Héroux
Creator | Créateur: Eric Baylis

TAG: Fine oval gold tinsel
TIP: Red floss
TAIL: Golden pheasant tippet followed by red-dyed hackle feathers
RIB: Medium oval gold tinsel
BODY: Black chenille
THROAT: Golden pheasant tippet followed by red-dyed hackle feathers
WING: Yellow-dyed grey squirrel tail
CHEEKS: Jungle cock
HEAD: Black

FERRET : Laminette ovale dorée fine
CUL : Soie floche rouge
QUEUE : Tippets de faisan doré, suivis de plumes de selle teintes rouges
CÔTES : Laminette ovale dorée médium
CORPS : Chenille noire
GORGE : Tippets de faisan doré, suivis de plumes de selle teintes rouges
AILES :  Poils de queue d'écureuil gris teints jaunes
JOUES : Coq de Sonnerat
TÊTE : Noire

## Yellow Killer

Tier | Monteur: Jacques Héroux
Creator | Créateur: Ches Loughlin

TAG: Flat silver tinsel
TAIL: Orange-dyed hackle fibres
BODY: Black chenille
THROAT: Orange
WING: Monga tail or yellow-dyed squirrel tail
CHEEKS: Jungle cock
HEAD: Black

FERRET : Lame plate argentée
QUEUE : Fibres de selle de coq teintes orange
CORPS : Chenille noire
GORGE : Orange
AILES : Poils de queue de Monga ou de queue d'écureuil teints jaunes
JOUES : Coq de Sonnerat
TÊTE : Noire

## Yellow Montréal

Tier | Monteur: Fernand Grenier
Creator unknown | Créateur inconnu

| | |
|---|---|
| TAG: Fine oval gold tinsel | FERRET : Laminette ovale dorée fine |
| TAIL: Red-dyed hackle fibres | QUEUE : Fibres de selle de coq teintes rouges |
| RIB: Fine oval gold tinsel | CÔTES : Laminette ovale dorée fine |
| BODY: Claret floss | CORPS : Soie floche rouge bordeaux |
| WING: Golden-yellow calf tail hair | AILES : Poils de queue de veau teints jaune doré |
| COLLAR HACKLE: Golden-yellow hackle | COLLERETTE : Selle de coq teinte jaune doré |
| HEAD: Black | TÊTE : Noire |

## Yellow Parson (Hairwing Version)

Tier | Monteur: Fernand Grenier
Creator unknown | Créateur inconnu

| | |
|---|---|
| TAG: Fine oval silver tinsel | FERRET : Laminette ovale argentée fine |
| TIP: Purple floss | CUL : Soie floche pourpre |
| TAIL: Golden pheasant crest under golden pheasant tippets | QUEUE : Crête de faisan doré sous des tippets de faisan doré |
| RIB: Fine oval silver tinsel | CÔTES : Laminette ovale argentée fine |
| HACKLE: Yellow-dyed hackle, palmered forward over seal fur | PALMURE : Selle de coq teinte jaune tournée sur la partie de bourre |
| BODY: A short section of yellow floss followed by yellow-dyed seal fur | CORPS : Petite section de soie floche jaune brillant, suivie de bourre de phoque teinte jaune brillant |
| THROAT: A beard of scarlet-dyed hackle, veiled by a pair of short golden pheasant crests | GORGE : Fibres de selle de coq teintes rouge écarlate, voilées par 2 petites plumes de crête de faisan doré |
| WING: Yellow-dyed grey squirrel tail topped by golden pheasant crest | AILES : Poils d'écureuil gris teints jaunes et crête de faisan doré au-dessus |
| CHEEKS: Kingfisher or substitute | JOUES : Plume bleue de martin-pêcheur ou substitut |
| HEAD: Black | TÊTE : Noire |

About the
Fly Tiers

Les monteurs
de mouches

# Christian Carrier

Fly fishing can be described as a hobby, an activity, or even a sport, and it of course depends on who we talk about it with.

Talking to a fly-fishing enthusiast, we learn a lot about the hours an angler can spend choosing the best equipment, the best leader, the best fly rod and, ultimately, the perfect fly.

Sitting in a small corner of his basement, Christian Carrier is usually found tying flies for all tastes. But where does this interest come from, and how long has he had it?

How to tie and create flies piqued Christian's curiosity at the age of thirty-five, and his biggest influencer was Lee Wulff. Following a leave of absence from work at the age of forty-five, due to a severe pulmonary issue that eventually required a double lung transplant, Christian found even greater joy in the art of fly tying. No matter what obstacles he encounters in his life, his passion helps him to find the energy and means to entertain himself, and to keep going.

During the time when he was waiting for his transplant, then receiving and recovering from it, Christian learned through trial and error that tying flies for salmon fishing is his favourite type of fly tying. For him, each fly is created with attention and care, and always with the aim of allowing the most beautiful fishing.

Known by many as Chrisfly's, he has created approximately 150 dry fly models made of deer

La pêche à la mouche peut être décrite comme un loisir, une activité ou même un sport et cela dépend bien sûr avec qui nous en parlons.

En discutant avec un adepte de la pêche à la mouche, nous en apprenons beaucoup sur les heures qu'un pêcheur peut passer à choisir les meilleurs équipements, le meilleur avançon, la meilleure canne à moucher et, finalement, la mouche parfaite.

On trouve habituellement Christian Carrier, assis dans un petit coin de son sous-sol, occupé à monter des mouches pour tous les goûts. Mais d'où lui vient cet intérêt?

Le montage et la création de mouches ont piqué sa curiosité à l'âge de 35 ans et son plus grand influenceur fut Lee Wulff. À la suite d'un arrêt de travail, à 45 ans, à cause d'un problème pulmonaire sévère qui a nécessité une greffe des deux poumons, Christian découvre davantage la joie du montage de mouches. Quels que soient les obstacles rencontrés dans sa vie, sa passion l'aide à trouver l'énergie et les moyens de se divertir pour continuer de foncer.

Pendant le processus d'attente du transplant et la récupération de sa greffe, Christian Carrier apprend par essais et erreurs que le montage de mouches pour la pêche au saumon est son coup de cœur. Ainsi, chacune d'elles est faite avec attention et soin, toujours dans le but de permettre les plus belles pêches.

Connu par plusieurs sous le nom de Chrisfly's, il compte environ cent cinquante modèles de mouches sèches en poils de chevreuil et en CDC (plumes de

hair and CDC (cul de canard feathers) of different colours. His very latest, L'oie-zo, was tied completely using white goose feathers.

The biggest compliment he received about his creations is that, even if the angler catches one or two salmon, the flics are reusable, as they float over and over and over again!

Take note that if you are looking for Christian any time from May to the end of September, you will most likely find him on the edge of a river, a lake, or the sea, with his beautiful smile, trying out his new creations. From October until the end of April, he can be found in his basement, preparing the most beautiful flies, so that you too can enjoy life on the edge of a body of water.

Ellen Soucy
Baker Brook, New Brunswick

cul de canard) de différentes couleurs. Sa toute dernière, celle qu'il nomme L'oie-zo, est complètement montée avec des plumes d'oie blanche.

On dit de ses créations que, même si le pêcheur capture un ou deux saumons, ses mouches sont réutilisables, car elles flottent encore, encore et encore!

Notez que si vous cherchez Christian, de mai à fin septembre, vous le trouverez au bord d'une rivière, d'un lac ou de la mer avec son plus beau sourire, en train d'essayer ses nouvelles créations. D'octobre à fin avril, on le retrouve dans son sous-sol à vous préparer les plus belles mouches pour que vous puissiez à votre tour profiter de la vie au bord d'un plan d'eau.

Ellen Soucy
Baker Brook, Nouveau-Brunswick

# Rénald Dufour

Rénald (Ray) Dufour was born on July 4, 1968, and grew up in Mont-Joli, Québec. Raised in a home where the need for outdoor activities (especially fishing and hunting) was deeply imbedded in the family DNA, Ray started to fly tie at eight years of age and to fly fish for salmon when he was ten. By the time he was a teenager, fly tying had become a passion. He supported three local stores with flies, and casually guided fly fishers on his home river — the Mitis. When he was twenty, unsure about the future of Atlantic salmon fishing, he made the very difficult decision to join the Canadian Armed Forces in 1988. He still serves our nation today, and has visited many cultures and countries around the world while continuing to fly tie and fly fish whenever possible, with a view to, eventually, returning to his passion.

An avid and passionate sportsman and outdoorsman, Ray is a certified Fly-Fishing International Casting Instructor for single-handed (CI in 2019) and two-handed fly rods (THCI in 2022), and is a fly-fishing contributor to the "Soldier On" program. He is also a part-time Atlantic salmon fly-fishing guide, a passionate fly fisherman, and consummate fly tier, posting on many social media forums related to fly fishing and fly tying for Atlantic salmon and striped bass. When he can, he volunteers his time to introduce fly tying to local

Rénald (Ray) Dufour est né le 4 juillet 1968 et a grandi à Mont-Joli (Québec). Élevé dans une famille où le plein air était une activité profondément ancrée dans l'ADN familial, avec la pêche et la chasse au premier plan, il a commencé à pêcher à la mouche à l'âge de huit ans et à pêcher le saumon à la mouche à dix ans. À l'adolescence, le montage de mouches est devenu une passion et il en fabriquait pour trois magasins locaux, en plus de guider les pêcheurs à la mouche sur la Mitis, la rivière de sa région natale. Incertain quant à l'avenir de la pêche au saumon de l'Atlantique, il a pris la décision très difficile de s'enrôler dans les Forces armées canadiennes en 1988. Toujours au service de notre nation à ce jour, il a côtoyé de nombreuses cultures à travers le monde, tout en continuant à pêcher à la mouche là où il le pouvait, en vue de revenir à sa passion.

Sportif et amateur de plein air passionné, Ray est un instructeur international certifié au lancer à la mouche pour les cannes à une main (CI en 2019) et à deux mains (THCI en 2022) et un contributeur de pêche à la mouche au programme « Sans limites ». Il est également guide de pêche à temps partiel pour le saumon de l'Atlantique, pêcheur à la mouche passionné et monteur de mouches accompli, publiant sur de nombreux forums dans les médias sociaux liés à la pêche à la mouche et au bar rayé de l'Atlantique. Lorsqu'il le peut, il donne de son temps pour initier les élèves du secondaire de la région qui ont des difficultés d'apprentissage. Ray vit près de Tracadie, au

high school students with learning challenges. Finally, Ray is a proud pro staff member for Eskape Anglers 2021.

Ray lives near Tracadie, NB, where he spends much time in the summer and fall fly fishing for striped bass and salmon on the Miramichi and Nepisiguit rivers. Lately, Ray has really thrown himself into fly fishing for striped bass from the surf, experimenting with new patterns, casting techniques, and saltwater surf fishing tactics.

Ray is one of the rare fly tiers who excels at tying virtually any type of salmon fly: from trailer-hook patterns to bombers, via wet, streamers, shrimps, muddlers, and spey patterns. He is also a fly tier and designer who does not accept the status quo and is always pushing himself to innovate. This drive has led to the creation and development of new fly-tying patterns and techniques that are truly revolutionary, combining arts, science, and engineering. This revolutionary spirit can be easily seen in the uniqueness of the flies he has posted and the boxes that he carries to the river on any given day.

From first generation, featherwing-based salmon flies, through second generation hairwing flies, to third generation flies leveraging synthetic material, Ray is constantly pioneering and pushing the boundaries even further. He is currently experimenting with fourth generation salmon flies that leverage the best of the three previous generations of flies, in terms of material used, while incorporating the most successful attributes of each fly style, much as a mixed martial artist would when fighting. Notably, this has led to the development of the muddspey, along with a myriad of unique patterns that are included in this book. Keep on with the great work, Ray!

Wayne Grant
Charlottetown, Prince Edward Island

Nouveau-Brunswick, où il passe une bonne partie de l'été et de l'automne à pêcher le bar rayé et le saumon sur les rivières Miramichi et Népisiguit. Récemment, Ray s'est investi dans la pêche à la mouche à l'achigan de type surf, en expérimentant de nouveaux modèles, des techniques de lancer et des tactiques de pêche en eau salée. Enfin, Rénald est fier d'être un membre du personnel professionnel d'Eskape Anglers.

Ray est l'un des rares monteurs de mouches qui excellent dans le montage de pratiquement tous les types de mouches à saumon, des modèles d'hameçon de remorque aux *Bombers*, en passant par les modèles humides, les *Streamers*, les crevettes, les *Muddlers* et les modèles Spey. Il est un concepteur et monteur de mouches qui cherche toujours à innover, ce qui l'a amené à créer et à développer plusieurs modèles et techniques révolutionnaires, combinant l'art, la science et l'ingénierie. Cela se voit facilement dans le caractère unique de ses créations et des boîtes à mouches qu'il transporte à la rivière chaque jour.

Qu'il s'agisse de mouches à saumon de première génération à ailes de plumes, de mouches à ailes de poils de deuxième génération ou de mouches de troisième génération utilisant des matériaux synthétiques, Ray est constamment pionnier. Il pousse les techniques toujours plus loin en expérimentant les concepts des mouches à saumon de quatrième génération, qui exploitent le meilleur des générations de mouches précédentes quant au matériau utilisé, tout en incorporant les attributs les plus réussis de chaque style de mouche, à la manière d'un combattant d'arts martiaux mixtes. Cela a notamment conduit au développement du concept Muddspey et d'une myriade de motifs uniques qui sont inclus dans ce livre. Continue ton excellent travail, Ray!

Wayne Grant
Charlottetown, Île-du-Prince-Édouard

# Fernand Grenier

Do you know a fly fisherman who fishes from the left as well as from the right, both dry and wet? A certain Fernand Grenier—Fern to his friends—accomplishes these feats brilliantly.

Fernand started fly fishing about the age of thirteen, and was tying his own flies by the age of fifteen under the supervision of his father. He is now an accomplished fly tier who does not compromise on the quality of materials for his creations. Fern likes to tie classic feather-wing salmon flies—not just for framing, but because he really fishes with these little pieces of art.

Wanting to share his best practices and knowledge, Fern doesn't keep his secrets behind the scenes. He can perfectly read the river locations where the coveted *Salmo salar* hides. Always ready to accompany, advise, and help his comrades and other anglers makes him a salmon fisherman with a very big heart.

I have been fortunate to have had him as a reliable fishing partner for over fifteen years. Fern, you are a role model for those around you and for the next generation of people in this wonderful sport, especially for the passion, determination, and ethics you bring to fishing.

Alain Sauvageau
Trois-Rivières, Quebec

Connaissez-vous un moucheur qui pêche aussi bien de la gauche que de la droite, autant à la sèche qu'à la noyée? Un certain Fernand Grenier, Fern pour les intimes, accomplit ces exploits avec brio.

Fernand a commencé à pêcher à la mouche vers l'âge de treize ans et à monter ses mouches vers l'âge de quinze ans sous la supervision de son père. C'est maintenant un monteur accompli qui ne fait aucun compromis sur la qualité des matériaux pour ses créations. Fern aime bien monter des mouches classiques tout en plumes, mais pas seulement pour les encadrer, car il pêche vraiment avec ses petites œuvres.

Voulant partager ses meilleures pratiques et connaissances, Fern ne garde pas ses secrets pour lui. Il lit parfaitement les emplacements de rivière susceptibles de cacher le si convoité *Salmo salar*. Et il est toujours prêt à accompagner, à conseiller et à aider ses camarades et autres pêcheurs, ce qui fait de lui un saumonier au très grand cœur.

J'ai la chance de l'avoir comme fiable partenaire de pêche depuis plus de quinze ans. Fern, tu es un modèle pour ton entourage et pour les gens de la relève de ce merveilleux sport. Tant pour la passion, la détermination et l'éthique que tu portes à cette pêche.

Alain Sauvageau
Trois-Rivières, Québec

# Jacques Héroux

<table>
<tr><td>

As long as I have known Jacques, he has been passionate about teaching and learning. My first interactions with Jacques were through email, back in the late 1990s, when we were living in different cities. While our discussions involved fly fishing and fly tying, our primary focus was on tying classic — or, as Bryant Freeman called them, "traditional" — Atlantic salmon flies. I recall vividly our first in-person meeting. I visited with Jacques at his house, and we tied a complicated Poul Jorgensen pattern called the Conrad. This was a special pattern for Jacques, as it bore the same name as his father. We exchanged many ideas, concepts, and techniques that day. In those pre-Internet days, there was a "secret society" of classic Atlantic salmon fly tiers who didn't like to share techniques, information, or sources for materials. Tying with Jacques that day was refreshing, as we both openly shared information. That was the start of a meaningful friendship that has grown deeper over the decades.

In the late 1990s and early 2000s, there were no online forums or social media on which to exchange information easily. Besides the old books we could find on tying salmon flies, like those by Kelson, Hale, or Pryce-Tannatt, the closest source of modern information on tying classic Atlantic salmon flies we had at the time

</td><td>

Depuis que je connais Jacques, il a toujours été une personne passionnée par l'enseignement et l'apprentissage. Mes premières interactions avec lui se sont faites par courriel, car c'était à la fin des années 1990 et nous vivions dans des villes différentes. Nos discussions portaient sur la pêche à la mouche et le montage de mouches, mais nous nous sommes principalement concentrés sur le montage de mouches à saumon classiques ou, comme les appelait Bryant Freeman, « traditionnelles ». Je me souviens très bien de notre première rencontre en personne. J'ai rendu visite à Jacques chez lui, à Dieppe, et nous avons monté une mouche assez compliquée de Poul Jorgensen appelée la Conrad. Il s'agissait d'un modèle particulier pour Jacques, car il portait le nom de son père. Nous avons échangé beaucoup d'idées, de concepts, de techniques et d'informations. Avant l'avènement d'Internet, il existait une « société secrète » de pêcheurs classiques de mouches à saumon de l'Atlantique qui n'aimaient pas partager les techniques, l'information et les sources de matériel. Ce jour-là, me retrouver avec Jacques était rafraîchissant, car nous partagions tous deux ouvertement de l'information. Ce fut le début d'une amitié significative qui s'est approfondie au fil des décennies.

À la fin des années 1990 et au début des années 2000, il n'y avait pas de forums en ligne, ni Facebook, YouTube ou Instagram pour échanger de l'information. Outre les vieux livres sur le montage des

</td></tr>
</table>

was a wonderful, printed specialty periodical called the *Salmon Flyer*. It was produced by a small and dedicated group of hardcore classic Atlantic salmon fly tiers, and it was published only a few times per year and distributed to only one hundred or so recipients. Articles were written by the readers of the publication and submitted to the editor for review and approval before publication. Jacques wrote an article entitled "Tying Traditional Salmon Flies and the Internet," and it appeared in the Winter 1999 issue. I suspect this was one of the earliest compilations of internet-related websites related to classic Atlantic salmon fly tying ever published. This article speaks to Jacques' passion in sharing information, especially during a time when there was great pressure to keep that sort of information secret. Had the *Salmon Flyer* not ceased to exist just three issues later, I know Jacques would have continued to contribute useful articles to this periodical.

While Jacques embraces the internet as a great tool to learn about Atlantic salmon fly tying, he also possesses a vast collection of over 650 vintage and modern books on the subject, dating back as far as 1860. He is equally knowledgeable about the techniques and patterns that were developed in the 1800s as he is about those from the 2000s.

Jacques's love of tying and teaching led him, and a small group of local tiers, to create the Dieppe Fly Tying Club in 1999. Members meet weekly throughout the off-season to socialize, to tie flies, and to learn from each other. Jacques spends his time at these sessions not tying flies for himself, but with new tiers to help them overcome challenges they have. Jacques also invites guest speakers to come to the club throughout the year to discuss various matters related to fly fishing and fly tying. Decades after its founding, this club is as strong as ever, and Jacques continues to look for new and exciting elements to add to it.

Further combining his love of teaching

mouches à saumon, comme Kelson, Hale ou Pryce-Tannatt, la source d'information moderne la plus proche sur le montage des mouches classiques à saumon de l'Atlantique que nous avions à l'époque était un merveilleux périodique spécialisé imprimé appelé *The Salmon Flyer*. Il a été produit par un petit groupe dévoué de monteurs de mouches à plumes pour saumon de l'Atlantique, et il n'a été publié que quelques fois par année et distribué à seulement cent destinataires. Les articles ont été rédigés par les lecteurs de la publication et soumis à l'éditeur pour examen et approbation avant publication. Jacques a écrit un article intitulé « Attacher les mouches à saumon traditionnelles et l'Internet » qui a été publié dans le numéro d'hiver 1999. Je soupçonne qu'il s'agit de l'une des premières compilations de sites Internet liés au montage de mouches classique – à plumes – pour le saumon atlantique jamais publiées. Cet article témoigne de la passion de Jacques pour le partage de l'information, en particulier à cause des pressions exercées à ce moment-là pour garder l'information secrète. Si le Salmon Flyer n'avait pas cessé d'exister seulement trois numéros après celui qui contenait son article, je sais que Jacques aurait continué à contribuer à ce périodique avec des articles utiles. Bien que Jacques considère Internet comme un excellent outil pour en apprendre davantage sur le montage de mouches à saumon, il possède une vaste collection de plus de 650 livres anciens et modernes sur le sujet, qui remontent à 1860. Il connaît aussi bien les techniques et les modèles qui ont été développés tant dans les années 1800 que dans les années 2000.

L'amour de Jacques pour le montage et l'enseignement l'a amené, avec un petit groupe de membres locaux, à créer le Club de montage de mouches de Dieppe en 1999. Les membres se réunissent chaque semaine tout au long de la saison hivernale pour socialiser, monter des mouches et apprendre les uns des autres. Jacques passe son temps à ces séances, non pas à monter des mouches pour lui-même, mais avec de nouveaux membres pour les aider à surmonter les défis qu'ils rencontrent. Tout au long de l'année, Jacques invite des conférenciers à se joindre au club

and tying classic salmon flies, Jacques came up with the idea of hosting an annual gathering, whereby local tiers interested in learning to tie featherwing salmon flies could do so with the assistance of an expert in the field. He called it the Dieppe Classic, and I had the honour and privilege of leading the session several times. At that event, Jacques will often invite a second or third group of novice tiers to learn other forms of flies, like those for trout or saltwater species. Jacques spends the day going from table to table, teaching and joking with the students and the teachers.

Jacques has appeared as a guest tier at many fly-tying shows throughout North America. One characteristic I admire about Jacques is how he is equally interested in learning and teaching at these shows. He brings a combination of humility, curiosity, knowledge, and humour when he ties at these events. I have had the pleasure of tying next to Jacques several times at these shows, and it's always something to watch how he can entertain the crowd in front of him. If you ever get the chance to tie a fly with Jacques publicly or privately, be prepared to learn and laugh!

As an expert fly tier, Jacques has created numerous artistic and fishable patterns. He enjoys creating new patterns for corporate and non-profit organization, and designs them by incorporating important elements of the corresponding organization or recipient into the fly pattern itself. I recall a "Western division teams of the NHL" series he created and, more specifically, a pattern he designed for, and presented to, the great ex-NHLer Bobby Orr. He called the pattern "The Leaper" in honour of Bobby, as that was Orr's nickname and Atlantic salmon are also referred to by the same name. Bobby fishes with the fly with his name on it when he goes on trips to Quebec salmon rivers.

In my regular conversations with Jacques, he never ceases to amaze me with his interest in and capacity to take on new projects. Even

pour discuter de divers sujets liés à la pêche à la mouche et au montage de mouches. Vingt-cinq ans plus tard, ce club est plus fort que jamais et Jacques continue à chercher de nouveaux éléments passionnants à ajouter au club.

Combinant son amour de l'enseignement et du montage de mouches à saumon, Jacques a eu l'idée d'organiser un rassemblement annuel pour les intéressés locaux voulant en apprendre davantage sur le montage des mouches à saumon à plumes avec l'aide d'un expert dans le domaine. Il l'a appelé « *Dieppe Classic* » et j'ai eu l'honneur et le privilège de diriger des ateliers à plusieurs reprises. Lors de cet événement, Jacques invite habituellement deux autres instructeurs pour initier des novices à différentes techniques de montage de mouches, comme pour la truite ou les espèces d'eau salée. Jacques passe la journée à aller de table en table, à enseigner et à plaisanter avec les élèves et les professeurs.

Jacques a été invité à de nombreux salons spécialisés de pêche à la mouche à travers l'Amérique du Nord. Une caractéristique que j'admire chez lui, c'est qu'il s'intéresse autant à l'apprentissage qu'à l'enseignement lors de ces salons. Il apporte une combinaison d'humilité, de curiosité, de connaissances et d'humour dans ses rencontres lors de ces événements. J'ai eu le plaisir d'être à ses côtés à plusieurs reprises lors de ces salons et c'est toujours quelque chose de voir comment il peut divertir la foule. Si jamais vous avez la chance de voir Jacques monter une mouche en public ou en privé, préparez-vous à apprendre et à rire!

En tant qu'expert du montage de mouches, Jacques a créé de nombreux modèles artistiques et pour la pêche. Il aime créer de nouveaux modèles pour les entreprises et les organisations à but non lucratif. Il conçoit ces nouvelles mouches en incorporant des éléments importants de l'organisation ou du destinataire dans le modèle de mouche créé. Je me souviens d'une série de mouches pour les « Équipes de la division Ouest de la LNH » qu'il a créée et plus précisément d'un modèle conçu et présenté au grand ex-joueur de la LNH Bobby Orr. Il a appelé cette mouche « The Leaper » en l'honneur de Bobby, car

while he is working on one project, he is thinking about new ones. The list of projects he has worked on and, in most cases, developed himself is impressive—a poster of salmon flies sold in support of the Lou Gehrig Society, multiple books that he has coordinated (the proceeds from which have benefitted others), his leadership in coordinating the third instalment of the Atlantic Salmon Fly International event in Miramichi in 2018, various provincial committees and boards he has sat on, and the list could go on.

Not surprisingly, Jacques has been the recipient of multiple local and national awards. In 2009, he was inducted into the Atlantic Salmon Hall of Fame for his work on salmon conservation initiatives. In 2015, Jacques received the Roderick Haig-Brown Award from the Canada Wildlife Federation for his contribution to conservation and promotion of the wise use of recreational fisheries. In 2016, he received the national Jean-Guy Côté Award—given to a fly tier who demonstrates a continuous contribution to teaching of fly tying, writing, innovating, and making fly tying accessible to all. Jacques is a most deserving recipient of these awards.

We are very fortunate to have Jacques Héroux in our fly-tying community.

Marc A. LeBlanc
Moncton, New Brunswick

c'était à la fois le surnom de ce joueur et du saumon de l'Atlantique. Bobby pêche avec cette mouche lors de ses voyages dans les rivières à saumon du Québec.

Dans mes conversations régulières avec Jacques, son intérêt et sa capacité à entreprendre de nouveaux projets ne cessent de m'étonner. Même s'il travaille sur un projet, il pense déjà aux prochains. La liste de projets sur lesquels il a travaillé et, dans la plupart des cas, qu'il a développés lui-même est impressionnante : une affiche de mouches à saumon vendue en soutien à la Société Lou Gehrig, plusieurs livres qu'il a dirigés et pour lesquels le produit des ventes a bénéficié à d'autres organisations, son leadership dans la coordination de la troisième édition de l'événement international « Atlantic Salmon Fly International » à Miramichi en 2018, divers comités et conseils provinciaux auxquels il a siégé, et la liste pourrait s'allonger.

Il n'est donc pas surprenant que Jacques ait reçu de nombreux prix locaux et nationaux. En 2009, il a été intronisé au Temple de la renommée du saumon atlantique du Nouveau-Brunswick pour son travail sur les initiatives de conservation du saumon et comme monteur de mouches émérite. En 2015, Jacques a reçu le prix Roderick Haig-Brown de la Fédération canadienne de la faune pour sa contribution à la conservation et à la promotion de l'utilisation judicieuse de la pêche récréative. En 2016, il a reçu le prix national Jean-Guy-Côté, remis à un monteur qui démontre une contribution continue à l'enseignement du montage de mouches, à l'écriture, à l'innovation et à la vulgarisation du montage de mouches. Jacques a vraiment mérité ces prix.

Nous sommes très chanceux d'avoir Jacques Héroux dans notre communauté de monteurs de mouches.

Marc A. LeBlanc
Moncton, Nouveau-Brunswick

# Todd Kennedy

Todd Kennedy, or Jock Scott as he's known in many online spaces, is an accomplished angler, guide, fly tier, and general outdoorsman. He was born in Halifax and raised in Upper Stewiacke, Nova Scotia, in the heart of the Stewiacke River Valley. Todd's father, Thomas Kennedy, owned Lansdowne Lodge, the biggest outfitter in the province, was an impressive outdoorsman in his own right, and a legend among the province's guides. A Master Guide, Tom Kennedy sat on the advisory board to revise the Wildlife Act, helped develop the standards for guides in the province, and even created the course that is still used to this day to teach and vet new hunting and fishing guides. Unsurprisingly, as the son of an outfitter, Todd spent most of his childhood outdoors. While other young boys played hockey or soccer, Todd was shooting archery and skeet, fishing, and tying flies. He spent most of his childhood glued right to his father's side, learning every little thing he could from the wealth of knowledge his father held.

After graduating from high school, Todd wasted no time getting straight into guiding professionally. He quickly sought his Master Guide certification, and is currently one of the last remaining Master Guides in the province of Nova Scotia. Todd's guiding career has seen

Todd Kennedy, ou Jock Scott comme on l'appelle dans de nombreux espaces en ligne, est un pêcheur accompli, un guide, un monteur de mouches et un amateur de plein air en général. Né à Halifax et élevé à Upper Stewiacke, en Nouvelle-Écosse, Todd est le fils d'un pourvoyeur. Son père, Thomas Kennedy, était propriétaire de Lansdowne Lodge, la plus grande pourvoirie de la province. Il était un grand amateur de plein air et une légende parmi les guides de la province. Il a été maître guide, a siégé au conseil consultatif chargé de réviser la Loi sur la faune, a contribué à l'élaboration des normes pour les guides de la province et a même élaboré le cours qui est encore utilisé aujourd'hui pour enseigner et évaluer les nouveaux guides de chasse et de pêche. En tant que fils de pourvoyeur, Todd a passé la majeure partie de son enfance à l'extérieur. Pendant que d'autres jeunes garçons jouaient au hockey ou au soccer, Todd tirait à l'arc et au skeet, pêchait et montait des mouches. Il a passé la majeure partie de son enfance aux côtés de son père, apprenant tout ce qu'il pouvait grâce à la richesse des connaissances de celui-ci.

Après avoir obtenu son diplôme d'études secondaires, Todd s'est tout de suite préparé à devenir guide professionnel. Il a rapidement obtenu sa certification de maître guide; il est d'ailleurs l'un des derniers maîtres guides de la province de la Nouvelle-Écosse. Au cours de sa carrière, Todd a chassé plusieurs espèces différentes dans de nombreuses régions du

him chase several different species through many parts of Canada, including Alberta, Saskatchewan, Quebec, Newfoundland and Labrador, and of course, Nova Scotia. He has had the privilege of guiding people from all walks of life, from amateurs to magazine editors, from visiting tourists to the CEO of Bass Pro Shops. Todd is well-known to guides in the province; for more than thirty-five years, Todd has been an instructor for the very guide certification course that his father developed so many years ago. Currently, Todd is working with Nova Scotia's Department of Inland Fisheries to provide training to increase the professionalism of guides in the province.

Thanks to his mastery of outdoor sports and his connections made over a lifetime of guiding, Todd has been featured in a number of magazines, including *Outdoor Life, Fly Fisherman,* and many others. He made his outdoor television debut as a feature on *New England Rod and Reel*, and has even appeared on BBC radio to record a fishing show with one of the largest listening audiences on the planet. In calendars, books, and articles, you can find examples of Todd's fly tying and stories. These days, he is best known online as Jock Scott, and his work can be found on Facebook, or on Instagram (@jockscottsalmonfly).

A great steward of the outdoors is not measured just by the number of hours that they spend on the river or in the woods but by the number of hours they put into writing letters, signing petitions, making proposals, and speaking up to protect the resources they hold dear. Todd is no exception in this regard, and has racked up an impressive resumé of outdoor organisations that he has contributed to over the years. He is a past president of the Cobequid Salmon Association, a past vice-president of the Nova Scotia Salmon Association, a past chair for multiple Ducks Unlimited committees, a past director of Delta

Canada, notamment en Alberta, en Saskatchewan, au Québec, à Terre-Neuve-et-Labrador et, bien sûr, en Nouvelle-Écosse. Il a eu le privilège de guider des gens de tous les horizons, des profanes aux rédacteurs en chef de magazines, des touristes en visite au propriétaire de Bass Pro Shops. Todd est bien connu des guides de la province. Depuis plus de 35 ans, il est instructeur pour le cours de certification de guide développé par son père il y a tant d'années. En ce moment, Todd travaille avec le ministère provincial des Pêches et des Océans pour offrir une formation visant à accroître le professionnalisme des guides en Nouvelle-Écosse.

Grâce à sa maîtrise des sports de plein air et aux relations qu'il a nouées au cours de sa vie de guide, Todd a été présenté dans plusieurs magazines, notamment *Outdoor Life* et *Fly Fisherman*. Il a fait ses débuts à la télévision en plein air en tant que vedette de *New England Rod and Reel* et il a même enregistré une émission de pêche à la radio de la BBC pour l'un des plus grands auditoires de la planète. Dans les calendriers, les livres et les articles, on trouve des exemples de montage de mouches et d'histoires de Todd. Actuellement, il est surtout connu en ligne sous le nom de Jock Scott, et on peut voir son travail sur Facebook et sur Instagram (@jockscottsalmonfly).

Être un bon porte-parole du plein air ne se mesure pas seulement au nombre d'heures passées sur la rivière ou dans les bois, mais également au nombre d'heures consacrées à écrire des lettres, à signer des pétitions, à faire des propositions et à prendre la parole pour protéger les ressources. Todd ne fait pas exception à cet égard et a accumulé un CV impressionnant d'organisations de plein air auxquelles il a contribué au fil des ans. Ancien président de la *Cobequid Salmon Association*, ancien vice-président de la *Nova Scotia Salmon Association*, ancien président de plusieurs comités de Canards Illimités, ancien directeur de *Delta Waterfowl*, ancien président de la *Nova Scotia Guides Association*, actuel directeur du *Nova Scotia Guides Service* et membre de nombreux groupes de conservation. Todd Kennedy a toujours été un ardent défenseur de la protection de l'habitat, de la

Waterfowl, a past president of the Hunting and Fishing Guides Association of Nova Scotia, a current director of the Nova Scotia Guides Service, and a member of far too many conservation groups to list or count. For so many years, Todd Kennedy has been an incredible advocate for the protection of habitat, the conservation of species, and for regulation changes.

Of all of the accomplishments that Todd has had over his career, he is perhaps best known as a fly tier. As a small child, Todd would look into his father's fly boxes and marvel at all of the pretty feathers bound so purposefully to their hooks. He was fascinated by these feathers, and would wander around the local wildlife park picking up all of the feathers he could find, or take feathers from birds harvested by his father and clients of the lodge. When he was approximately five years old, Todd received his first vise and fly-tying tools for Christmas from his father, which set him up for a lifelong passion for tying flies. Clients of the lodge would show him new patterns, or give him books, magazines, or materials. Todd soon began tying all of the flies for the lodge and, by age ten, he was selling flies at local stores and outdoor shows. As he grew older, he tied commercially for fly shops across the country. Like so many fly tiers, Todd soon realised that tying the same patterns thousands of times over did not bring him the same kind of childlike joy as the feeling that came with the challenge of something new. This understanding drove him towards two of the most challenging corners of the art form: realistic flies, and traditional salmon flies. Todd got quite good at these notoriously tricky patterns, and soon entered and won multiple world competitions. His talents are recognised in the industry, and he sits on the pro staff for Norvise, Renomed USA, Semperfli, and Daiichi.

I owe a great deal of the knowledge and skill that I have as a guide, angler, and fly tier to

conservation et de la protection des espèces ainsi que des changements de réglementation.

Parmi toutes les réalisations de Todd au cours de sa carrière, c'est peut-être comme monteur de mouches qu'il est le mieux connu. Enfant, Todd aimait explorer les boîtes à mouches de son père et s'émerveillait de toutes les jolies plumes attachées aux hameçons. Fasciné, il ramassait toutes les plumes qu'il pouvait trouver dans le parc animalier local et les plumes d'oiseaux que son père et les clients de la pourvoirie récoltaient. Vers l'âge de 5 ans, pour Noël, Todd a reçu de son père son premier étau et ses premiers outils, ce qui l'a amené à se passionner pour le montage de mouches. Les clients de la pourvoirie lui apprenaient de nouveaux modèles ou lui donnaient des livres, des magazines ou du matériel. Il a rapidement commencé à monter toutes les mouches pour la pourvoirie. À l'âge de 10 ans, Todd vendait des mouches dans des magasins locaux et des spectacles en plein air. Avec le temps, il s'est associé commercialement à des magasins de mouches à travers le pays. Comme beaucoup de monteurs de mouches, Todd s'est vite rendu compte qu'en montant toujours le même type de modèle, une sorte de joie enfantine s'estompait et il recherchait un nouveau défi. Cela l'a conduit vers deux des sphères les plus difficiles de cette forme d'art : les mouches réalistes et les mouches à saumon traditionnelles. Devenu très habile dans ces techniques notoirement délicates, Todd s'est mis à participer et à remporter plusieurs compétitions mondiales. Ses talents sont reconnus dans l'industrie et il fait partie de l'équipe professionnelle de Norvise, Renomed USA, Semperfli et Daiichi.

Personnellement, je dois à Todd Kennedy une grande partie de mes connaissances et de mes compétences en tant que guide, pêcheur et monteur de mouches. Il a toujours été si généreux de son temps et de son matériel, et il continue encore à répondre à mes milliers de questions. J'ai beaucoup de respect pour lui et je suis heureux de le considérer comme un ami. Lorsque je lui demande son avis d'expert sur un nouveau modèle de mouche que j'essaie, je sais

Todd Kennedy. He has always been very generous with his time and materials, and regularly
endures my youthful onslaught of questions. I
respect Todd a great deal and am happy to call
him a friend. When I ask for his expert opinion
on a new fly pattern I am attempting, I know
that I will be met with a detailed, honest, and
constructive critique. Todd has driven me to
be a better fly tier, and for that I am forever
grateful.
Mitchell Roberts
Chester, Nova Scotia

que j'aurai droit à une critique détaillée, honnête et
constructive. Todd m'a poussé à devenir un meilleur
monteur de mouches, et je lui en serai éternellement
reconnaissant.

Mitchell Roberts
Chester, Nouvelle-Écosse

# Christopher Sinclair

One of the most beautiful attributes of fishing is its uncanny ability to embody a different meaning for all those who partake of it. The simple task of defining "fishing" will often lead down a rabbit hole, where there is no right or wrong answer: only the experiences of those who fish, and the perceptions of those who do not.

For Christopher Sinclair, fishing has taken on the deepest of meanings and become a life's passion. Growing up on the eastern shore of Nova Scotia, his classroom was the fabled banks of the St Marys River and surrounding tributaries, instilling in him the importance of conservation, biology, history, and tradition. A boyhood love for brook trout became the catalyst for an obsessive quest to learn as much as possible about the natural world, fly fishing, and tying.

A day spent fishing with Christopher will result in deep conversations encompassing everything from Aldo Leopold, flora and fauna, ancestry, genealogy, traditional and modern fly patterns, and tactics. This desire to learn through observation, combined with a near photographic ability to retain information, has not only helped Christopher to create a mental encyclopedia of fly patterns and techniques but successfully aided him in achieving a bachelor

L'un des plus beaux attributs de la pêche est son étrange capacité à incarner un sens différent pour tous ceux qui la pratiquent. Quand on tente de définir la « pêche », il n'y a pas de bonne ou de mauvaise réponse, seulement les expériences de ceux qui pêchent et les perceptions de ceux qui ne le font pas.

Pour Christopher, la pêche a une signification profonde et est devenue la passion d'une vie. Il a grandi sur la côte est de la Nouvelle-Écosse, et les rives légendaires de la rivière St. Marys et des affluents environnants lui ont servi de salle de classe, lui inculquant l'importance de la conservation, de la biologie, de l'histoire et de la tradition. Un amour d'enfance pour la truite mouchetée a été le catalyseur d'une quête obsessionnelle pour en apprendre le plus possible sur le monde naturel, la pêche et le montage de mouches.

Passer une journée à pêcher avec Christopher donnera lieu à des conversations approfondies sur tout, d'Aldo Leopold, de la flore et de la faune, de l'ascendance, de la généalogie, des modèles et des tactiques de mouches traditionnelles et modernes. Ce désir d'apprendre par l'observation, combiné à une capacité quasi photographique à retenir l'information, a non seulement créé une encyclopédie mentale de modèles et de techniques de mouches, mais a également aidé Christopher à obtenir un baccalauréat ès sciences en environnement et ressources naturelles, avec une spécialisation en conservation de la faune.

of science in environment and natural resources, majoring in wildlife conservation.

Guiding was an inevitable path for Christopher, but not in the traditional Sherbrooke fashion. Christopher's passion for tying and fishing was rewarded when he found a mentor in East Coast fishing legend Mike Crosby. Christopher worked his way from the ground up, starting as a labourer and guide, eventually rising to the position of head guide at Crooks Lake Lodge. A self-proclaimed Labrador "trout bum," he split his time between Crooks Lake and Coopers' Minipi. A Labrador fishing adventure is almost certainly on the bucket list for any self-respecting angler and, as a result, often finds its way onto the pages and screens of magazines and fishing shows. Christopher's guiding exploits and passion for adventure secured him a spot on a four-person filmmaking team documenting a two-week backcountry canoe and fishing expedition. The resulting documentary film, *Big Land*, has been nominated for several international awards and resulted in a feature article in the *Fly Fishing Journal*. Christopher's refined approach to trout fishing took him in a natural progression to salmon angling, and he eventually took a guiding position at Flowers River Lodge, one of Canada's premier salmon fishing lodges. Christopher's guiding has also been featured on two episodes of the *New Fly Fisher*: Crooks Lake, and Flowers River. A restless soul, quest for adventure, and fish not yet caught led Christopher to the Skeena Watershed, where he worked guiding for steelhead. With every new adventure and experience, Christopher learns, retains, and produces new skills, both in fishing tactics and fly tying. This steelhead influence can be seen in many flies and tactics Christopher employs today.

Once a Maritimer, always a Maritimer, and with a growing resumé and over a decade of experience in the industry, Christopher

Guider était un chemin inévitable pour Christopher, mais pas à la manière traditionnelle sherbrookoise. La passion de Christopher pour le montage de mouches et la pêche a produit un mentor en la personne de la légende de la pêche de la côte Est, Mike Crosby. Christopher a travaillé à partir de zéro, d'abord comme ouvrier et guide, avant d'atteindre le poste de guide en chef au Crooks Lake Lodge. S'autoproclamant « clochard de la truite » du Labrador, Christopher partageait son temps entre le lac Crooks et le Coopers' Minipi. Une aventure de pêche au Labrador fait certainement partie de la liste des choses à faire pour tout pêcheur qui se respecte et, par conséquent, se retrouve souvent sur les pages et les écrans des magazines et des émissions de pêche. Les exploits de Christopher comme guide et sa passion pour l'aventure lui ont valu une place dans une équipe de tournage de quatre personnes documentant une expédition de deux semaines de canoë et pêche dans l'arrière-pays. Le film documentaire qui en a résulté, *Big Land*, a été finaliste pour plusieurs prix internationaux et a donné lieu à un article de fond dans *The Fly Fishing Journal*. L'approche raffinée de Christopher en matière de pêche à la truite lui a permis de faire la transition vers la pêche au saumon et de devenir guide au Flowers River Lodge, l'un des principaux pavillons de pêche au saumon au Canada. Il a également participé à deux épisodes de *New Fly Fisher*, Crooks Lake et Flowers River. Une âme agitée, une quête d'aventure et des poissons non encore pêchés mènent Christopher au bassin versant de la Skeena où il a travaillé comme guide pour le steelhead. À chaque nouvelle aventure et expérience, Christopher peut apprendre, conserver et développer des compétences tant dans les tactiques de pêche que dans le montage de mouches. Cette influence de la truite arc-en-ciel peut être vue dans de nombreuses mouches et tactiques que Christopher utilise aujourd'hui.

Maritimes un jour, Maritimes toujours. Avec un curriculum vitae bien rempli et plus d'une décennie d'expérience dans l'industrie, Christopher est retourné dans l'Est canadien en tant que gérant du

returned back to Eastern Canada as the manager of the Restigouche River Lodge in 2022. Working along a river system with salmon in the thirty pound-plus range is every angler's dream, facilitating the pursuit of a fish of a lifetime for Christopher and clients alike. In an industry where managing expectations of high-rolling clients can wear you down, Christopher has remained unwavering in his passion to guide. Even in his role of manager it is not uncommon to see Christopher with his feet on the gunnels of a flatback canoe, guiding clients into Restigouche salmon or handing out a few of his favourite patterns to lucky guests at the lodge dinner table.

Christopher has been fortunate to work with several brands and companies within the fly-fishing industry and considers himself fortunate to have formed a working relationship with Nam, a Scandinavian company steadfast in their love and pursuit of Atlantic salmon and trout. He is equally comfortable tossing a dry fly with a single-handed 5 weight rod as he is swinging for anadromous fish with a fifteen-foot two-handed rod, and does both incredibly well.

Aldo Leopold once famously wrote, "There are some of us who can live without wild things, and some of us who cannot. For us the minority, the opportunity to see geese or wildflowers is a right as inalienable as free speech." Few will ever have the privilege to harbour an unbreakable bond with fishing, adventure, and the natural world. I consider Christopher to be one of the lucky few.

Scotty Sherin
Lunenberg, Nova Scotia

Restigouche River Lodge. Travailler dans un système fluvial avec des saumons de trente livres et plus est le rêve de tout pêcheur, facilitant la poursuite du poisson d'une vie pour Christopher et ses clients. Dans une industrie où la gestion des attentes des clients richissimes peut vous épuiser, Chistopher est resté inébranlable dans sa passion. Même dans son rôle de gérant, il n'est pas rare de le voir, les pieds sur les plats-bords d'un canot à dos plat, guidant les clients vers le saumon du Restigouche ou distribuant quelques-uns de ses modèles de mouches préférés aux invités chanceux à la table lors du dîner à la pourvoirie.

Christopher a eu la chance de travailler avec plusieurs marques et entreprises de l'industrie de la pêche à la mouche. Il sc considère d'ailleurs comme priviliégié d'avoir établi une relation de travail avec Nam, une entreprise scandinave inébranlable dans son amour du saumon et de la truite de l'Atlantique. Il est aussi à l'aise pour lancer une mouche sèche avec une ligne # 5 à une main que pour pêcher des poissons anadromes avec une canne à deux mains de 15 pieds, et il fait les deux incroyablement bien.

Aldo Leopold a écrit un jour : « Certains d'entre nous qui peuvent vivre sans les choses sauvages, et d'autres ne le peuvent pas. Pour nous, la minorité, la possibilité de voir des oies ou des fleurs sauvages est un droit aussi inaliénable que la liberté d'expression. » Peu de gens ont le privilège d'entretenir un lien indéfectible avec la pêche, l'aventure et le monde naturel. Je considère Christopher comme l'un des rares chanceux.

Scotty Sherin
Lunenburg, Nouvelle-Écosse

# Éric Tremblay

Éric Tremblay has been a salmon fisherman for over thirty-eight years and my fishing partner for thirty-six years. He started tying flies a little late, while in his early forties, in order to try to save money, especially since his wife also salmon fishes. But he soon learned that tying flies can become a real obsession and is certainly not a way to save money. In short, he began to develop his own fly-tying style little by little, and to perfect his art.

When he got sick ten years ago, fly tying allowed him to get through all his health challenges and take the opportunity to promote his creations on social media. His salmon flies quickly became famous, and once you use them, you become devoted to them. For the past few years, he has been pro staff for the specialized companies Ahrex, Semperfli, and Gaspefly.co, and a collaborator and ambassador for Mouche Expert.

The first anecdote that comes to mind about Eric is this: his first real creation, the Titan, was intended to be a productive fly at the beginning and end of the evening. I saw a huge potential for this creation, but he didn't test it out at first. One day, we were fishing together on the Bonaventure River and, for my first pass of the morning, I decided to put the Titan at the end of my line without him knowing.

Éric Tremblay est un saumonier depuis plus de 38 ans et mon partenaire de pêche depuis 36 ans. Il a commencé le montage de mouches un peu sur le tard, au début de la quarantaine, afin d'essayer d'économiser de l'argent, car sa conjointe pêche aussi. Mais il a vite appris que le montage de mouches devient une vraie obsession, et certainement pas une façon d'épargner de l'argent. Bref, il a commencé à développer son propre style peu à peu et à perfectionner son art.

Lorsqu'il est tombé malade, le montage de mouches lui a permis de passer à travers les épreuves et il en a profité pour promouvoir ses créations sur les réseaux sociaux. Ses mouches à saumon sont vite devenues très connues et, quand on les utilise, on en devient dépendant. Depuis quelques années, il est pro staff pour les compagnies spécialisées Ahrex, Semperfli et Gaspé Fly Company ainsi que collaborateur et ambassadeur pour Mouche Expert.

Il me vient en tête une anecdote au sujet de sa première vraie création, la Titan, qui se voulait une mouche productive de début et de fin de soirée. J'ai vite vu un immense potentiel pour cette création mais, lui, pas tout de suite. Un jour, on pêchait ensemble sur la rivière Bonaventure et, pour ma première passe du matin, j'ai décidé de mettre sa mouche au bout de ma ligne sans qu'il le sache. Je me suis lancé à la tête de la fosse et lui au pied de la même fosse. Bang, je prends deux saumons assez rapidement et réussis à en ramener un dans l'épui-

I set myself up at the head of a pool, while he was at the foot of the same pool. Bang, I caught two salmon pretty quickly and manage to bring one back in the landing net. That's when Eric yelled at me, "Well, let's see, what did you take that with?" I quickly replied, "The Titan at Tremblay." You should have seen how good that made me feel…Ouffff! Since that time, I've become attached to all of his Spey fly patterns. They don't just look good in the pictures…they also take salmon!

Alain Ross
Rimouski, Quebec

sette. C'est alors qu'Éric me crie : « Ben voyons donc, avec quoi tu as pris ça? » Je lui ai répondu : «La Titan à Tremblay. » Vous auriez dû voir la binette qu'il m'a faite… ouffff! Depuis ce temps, je suis devenu accro à tous ses modèles de mouches Spey. Elles ne sont pas seulement belles sur les photos… elles prennent aussi du saumon!

Alain Ross
Rimouski, Québec

# Lyne Trudeau

Now that she is retired, Lyne Trudeau is able to devote herself to her passion, fly tying. She is dynamic, curious about new developments in the field of fly tying, and not afraid to step outside the conservative and very masculine framework of the world of fly fishing. She can innovate by creating new models while making sure to use the right techniques and the rules inherent in the action of the fly. Her network of contacts is huge. She has been invited to demonstrate fly making and has also been invited to competitions as a judge.

Of Acadian and Québécoise origin, Lyne has retained a charming accent that is very recognizable in the French-speaking world. She lived in both Quebec and Ontario in her youth, and continued her schooling in both provinces and in both languages. She spent her summer vacations with family in New Brunswick, where she was introduced to sport fishing and the outdoors. Later on, she travelled west to the Northwest Territories, where she fished for local species, mainly by spin casting.

Upon her return to Quebec, Lyne joined the Moucheurs du Montréal Métropolitain (MMM) group, where she learned how to cast a fly rod. It was at this time that she became interested in fly tying, especially salmon flies. She took part in the group's activities, became a member of the board of directors, and served

Retraitée depuis quelques années, Lyne se consacre à sa passion, le montage de mouches. Dynamique et curieuse des nouveautés dans le domaine de la fabrication de mouches, elle ne craint pas de sortir du cadre conservateur et très masculin du milieu du montage. Elle a la capacité d'innover en créant de nouveaux modèles, tout en s'assurant d'utiliser les bonnes techniques et les règles relatives à l'action de la mouche. Son réseau de contacts est immense et elle est souvent invitée à démontrer la fabrication de mouches, ainsi qu'à agir comme juge dans les concours.

D'origine acadienne et québécoise, Lyne a conservé ce petit accent charmant et très reconnaissable dans la francophonie. Elle a habité le Québec et l'Ontario dans sa jeunesse et a poursuivi ses études dans les deux provinces et dans les deux langues. Ayant de la famille au Nouveau-Brunswick où elle passait ses vacances estivales, elle s'est initiée à la pêche sportive et au plein air. Plus tard, elle voyage vers l'Ouest et les Territoires du Nord-Ouest où elle pêche les espèces de ces régions, au lancer léger surtout.

À son retour au Québec, Lyne se joint au groupe des Moucheurs du Montréal Métropolitain (M.M.M.), où elle apprend le maniement de la canne à moucher et développe une passion pour le montage de mouches, surtout les mouches à saumon. Elle prend part aux activités du groupe et devient membre du conseil d'administration. Elle sera directrice des communications et des relations extérieures durant

as director of communications and external relations for nine years along with two terms as vice-president. Today, Lyne is an honourary member. The Moucheurs du Montréal Métropolitain can be proud to have had a dynamic and exceptional woman such as Lyne Trudeau on their board.

Over the years, Lyne has been invited to the Isaac Walton Fly Fishing Show (Ontario), the Quebec-Maritimes forum in Granby and the Salon de Trois-Rivières as an elite fly tier. She has participated in various presentations and activities of the MMM group. Lyne has published several articles on Atlantic black salmon for *Saumon*, the official magazine of the Fédération québécoise pour le saumon atlantique (FQSA) for Atlantic Salmon.

But her main force is Atlantic salmon flies creation. In the last fifteen years, Lyne has many new creations like the Pink Lady Amherst, the Go Habs Go, the Doobie fly, the Chapados salmon fly, the Synergie spey fly and her latest, the Lady Suzanne.

Lise Leclerc
Joliette, Quebec

neuf ans. Elle effectuera deux mandats de vice-présidente. Aujourd'hui, Lyne est membre honoraire. Les Moucheurs du Montréal Métropolitain peuvent être fiers d'avoir eu dans leur conseil un petit bout de femme dynamique et exceptionnelle telle que Lyne Trudeau.

Au cours des années, madame Trudeau a été invitée à Isaac Walton Fly Fishing Show (Ontario), tels que le forum Québec-Maritimes de Granby ainsi que le Salon de Trois-Rivières. Elle a aussi participé à diverses présentations et activités du groupe M.M.M. Enfin, elle a publié quelques articles sur le saumon noir de l'Atlantique pour le magazine *Saumon* de la Fédération québécoise pour le saumon atlantique.

Mais sa principale force est la création de mouches à saumon de l'Atlantique. Au cours des quinze dernières années, Lyne a créé de nombreuses nouvelles mouches comme la Pink Lady Amherst, la Go-Habs-Go, la Doobie Fly, la Chapados Salmon Fly, la Synergie Spey Fly et sa toute dernière, la Lady Suzanne.

Lise Leclerc
Joliette, Québec

# Acknowledgements

We would like to thank the following people and organizations for permission to use their material and expertise. All fly descriptions are the responsibility of each tier. If we have omitted anyone or if there is mistake in the flies' descriptions, we apologize and will, if informed, make corrections in any future editions.

INDIVIDUALS
Christian Carrier
Rénald Dufour
Wayne Grant
Fernand Grenier
Todd Kennedy
Marc A. LeBlanc
Lise Leclerc
Mitchell Roberts
Alain Ross
Alain Sauvageau
Scotty Sherin
Steve Silverio
Christopher Sinclair
Ellen Soucy
Éric Tremblay
Lyne Trudeau

PHOTOGRAPHY
Marcel Caissie (all images except the flies)
Isabelle Levesque, isabellelevesque.com (flies)

SPONSORS
We would like to thank the sponsors who supported us in this project:
Ahrex Hooks, ahrexhooks.com
Boutique Salmo Nature, salmonature.com
Les Chalets Restigouche, chaletsrestigouche.com
Sabian Cymbals, sabian.com

# Remerciements

Nous aimerions remercier les personnes et les organisations suivantes pour l'utilisation de leur matériel et de leur expertise. Toutes les descriptions de mouches sont la responsabilité de chaque monteur. Si nous avons oublié quelqu'un ou s'il y a des erreurs dans les descriptions des mouches, nous nous en excusons et, si nous en sommes informés, nous apporterons les corrections nécessaires dans les prochaines éditions.

INDIVIDUS
Christian Carrier
Rénald Dufour
Wayne Grant
Fernand Grenier
Todd Kennedy
Marc A. LeBlanc
Lise Leclerc
Mitchell Roberts
Alain Ross
Alain Sauvageau
Scotty Sherin
Steve Silverio
Christopher Sinclair
Ellen Soucy
Éric Tremblay
Lyne Trudeau

PHOTOGRAPHIES
Marcel Caissie (toutes les images sauf les mouches)
Isabelle Levesque, isabellelevesque.com (mouches)

COMMANDITAIRES
Nous remercions les commanditaires qui ont bien voulu apporter leur appui à l'avancement de ce projet :
Ahrex Hooks, ahrexhooks.com
Boutique Salmo Nature, salmonature.com
Les Chalets Restigouche, chaletsrestigouche.com
Sabian Cymbals, sabian.com

# Bibliography | Bibliographie


Aubert, Gilles, André-A. Bellemare, et Gérard Bilodeau. *Saumon atlantique*. Montréal-Nord : Groupe Polygone éditeurs, 1988.

Bates, Joseph D., Jr. *Atlantic Salmon Flies and Fishing*. Harrisburg, PA: Stackpole Books, 1970.

Bates, Joseph D., Jr., and Pamela Bates Richard. *Fishing Atlantic Salmon, the Flies and the Patterns*. Mechanicsburg, PA: Stackpole Books, 1996.

Bates, Joseph D., Jr. *Streamer Fly Tying and Fishing*. Harrisburg, PA: Stackpole Books, 1966.

Combs, Trey. *Flies for Atlantic Salmon & Steelhead*. Mill Creek, WA: Wild River Press, 2023.

Fulsher, Keith and Charles Krom. *Hair-Wing Atlantic Salmon Flies.* Fly Tyer, NH: North Conway, 1981.

Gruber, Ira D. *Ira Gruber's Atlantic Salmon Flies*. Guilford, CT: Stackpole Books, 2022.

Herd, Andrew. *Salmon Fly Patterns 1766-1914*. Vol. 3 of *The History of Fly Fishing*. Ellesmere, U.K.: Medlar Press, 2013.

Herd, Andrew, Bob Frandsen, and Hermann Dietrich-Troeltsch. *The Story of the Salmon Fly, 1496-1884*. Ellesmere, U.K.: Medlar Press, 2021.

Mann, Chris. *The Complete Illustrated Directory of Salmon Flies*. Ludlow, U.K.: Merlin Unwin Books, 2012.

Nicholas, Jay W. *Intruder Essentials*. Introduction by Trey Combs. San Bernadino, CA: CreateSpace Independent Publishing Platform, 2015.

Poirier, Denys. *Mouches sèches à saumon*. Collection Salmo Salar, no. 2. Québec : La Fédération québécoise pour le saumon atlantique,1995.

Poirier, Denys. *Mystère de Spey*. Self-published, 1994.

Rich, Len. *Newfoundland Salmon Flies...and How to Tie Them*. Corner Brook, NL: Summerside Publications, n.d.

Shewey, John. *Classic Steelhead Flies*. Mechanicsburg, PA: Stackpole Books, 2015.

Shewey, John. *Spey Flies: Their History and Construction*. New York, NY: Skyhorse, 2022.

Woods, Charles B. *Bibliotheca Salmo Salar: A Selection of Rare Books, Manuscripts, Journals, Diaries, Photograph Albums, & Ephemera on the Subject of Atlantic Salmon Fishing*. Boston: David R. Godine, 2017.

Edited by Kristen Chew.
Cover and page design by Julie Scriver.
Cover images by Isabelle Levesque, isabellelevesque.com.
Printed in China by KS Printing.
10 9 8 7 6 5 4 3 2 1


Library and Archives Canada Cataloguing in Publication

Title: Atlantic salmon flies 2 / Jacques Héroux, with seven renowned fly tiers = Mouches pour le  saumon atlantique 2 / Jacques Héroux, avec sept monteurs de mouches émérites.
Other titles: Mouches pour le saumon atlantique 2
Names: Héroux, Jacques, 1957- author. | Héroux, Jacques, 1957- Atlantic salmon flies 2. | Héroux, Jacques, 1957- Atlantic salmon flies 2. French.
Description: Includes an index. | Text in English and French.
Identifiers: Canadiana 20240437373E | ISBN 9781773104423 (softcover) | ISBN 9781773104621 (hardcover)
Subjects: LCSH: Flies, Artificial. | LCSH: Atlantic salmon fishing. | LCSH: Fly tying. | LCSH: Fly tyers—North America—Biography.
Classification: LCC SH451 .H472 2025 | DDC 688.7/9124—dc23



Goose Lane Editions acknowledges the generous support of the Government of Canada, the Canada Council for the Arts, and the Government of New Brunswick.

Goose Lane Editions is located on the unceded territory of the Wəlastəkwiyik whose ancestors along with the Mi'kmaq and Peskotomuhkati Nations signed Peace and Friendship Treaties with the British Crown in the 1700s.

Goose Lane Editions
500 Beaverbrook Court, Suite 330
Fredericton, New Brunswick
CANADA E3B 5X4
gooselane.com




Révision : Lise Duquette.
Couverture et conception graphique : Julie Scriver.
Images de la page couverture par Isabelle Levesque, isabellelevesque.com.
Imprimé en Chine par KS Printing.
10 9 8 7 6 5 4 3 2 1


Catalogage avant publication de Bibliothèque et Archives Canada

Titre: Atlantic salmon flies 2 / Jacques Héroux, with seven renowned fly tiers = Mouches pour le saumon atlantique 2 / Jacques Héroux, avec sept monteurs de mouches émérites.
Autres titres: Mouches pour le saumon atlantique 2
Noms: Héroux, Jacques, 1957- auteur. | Héroux, Jacques, 1957- Atlantic salmon flies 2. | Héroux, Jacques, 1957- Atlantic salmon flies 2. Français.
Description: Comprend un index. | Texte en français et en anglais.
Identifiants: Canadiana 20240437373F | ISBN 9781773104423 (couverture souple) | ISBN 9781773104621 (couverture rigide)
Vedettes-matière: RVM: Mouches artificielles. | RVM: Saumon atlantique—Pêche sportive. | RVM: Mouches artificielles—Montage. | RVM: Monteurs de mouches—Amérique du Nord  Biographies.
Classification: LCC SH451 .H472 2025 | CDD 688.7/9124—dc23



Goose Lane Editions reconnaît la généreuse contribution financière accordée par le gouvernement du Canada, le Conseil des arts du Canada et le gouvernement du Nouveau-Brunswick.

Goose Lane Editions tient à souligner qu'il a leurs locaux sur un territoire traditionnel non cédé des Wəlastəkwiyik, dont les ancêtres, ainsi que les nations des Mi'kmaq et des Peskotomuhkati, ont signé des traités de paix et d'amitié avec la Couronne britannique dans les années 1700.

Goose Lane Editions
500, cour Beaverbrook, bureau 330
Fredericton (Nouveau-Brunswick)
CANADA E3B 5X4
gooselane.com